毛子水文存

毛子水　著
傅国涌　主编
钱阳薇　编

责任编辑：苏辉
封面设计：知尧视觉
责任印制：刘苗苗

图书在版编目（CIP）数据

毛子水文存 / 毛子水著 ；钱阳薇编. -- 北京 ：华龄出版社，2011.1
（遗忘的文存）
ISBN 978-7-80178-797-2
Ⅰ. ①毛… Ⅱ. ①毛… ②钱… Ⅲ. ①文史哲—中国—文集 Ⅳ. ①C52

中国版本图书馆CIP数据核字（2010）第257405号

书　　名：毛子水文存
作　　者：毛子水 著 傅国涌 主编 钱阳薇 编
出版发行：华龄出版社
印　　刷：北京中创彩色印刷有限公司
版　　次：2011年1月第1版 2011年1月第1次印刷
开　　本：720mm x 1020mm 1/16　　印　张：11.5
字　　数：180千字
定　　价：29.80元

地　　址：北京西城区鼓楼西大街41号　　邮　　编：100009
电　　话：84044445(发行部)　　传　　真：84039173

出版说明

《遗忘的文存》（四种）收录了程沧波、毛子水、蒋廷黻、陈纪滢四位先生生前已经发表的文稿，包括评论、人物回顾、历史事件等多方面内容。这些文稿大多成稿于1949年以前，也有部分写作于上世纪五十年代至八十年代初期。实为不可多得的珍贵历史资料，具有一定的研究参考价值。

这批文章系首次以简体字版方式印刷出版，考虑到作者生活的历史年代和读者的习惯，在编辑出版过程中，我们在力求维持文稿的原貌的同时，在编写体例上尽量做了统一：

一、将文稿中的民国纪年统一为公元纪年；

二、凡文章题目后注明“节选”的，表明该篇文章不是全文；

三、由于现实原因，对文章中个别词语在不改变原意的前提下做了些微改动；

四、对涉及到的台湾行政单位，按大陆行文习惯进行了标注。

尽管如此，文中仍会有使读者读起来感觉不太习惯的地方，敬请读者充分考虑文章的成稿背景，予以谅解。

学贯中西的毛子水，声称只受益“一部半”书

刘克敌

阅读文化名人的生平和著作，有时感觉像是饮一杯烈酒，当时令人亢奋，过后也就消失殆尽，这通常说明你和这名人大概没有多少缘分，他也不会对你产生深刻影响。但有些名人不是这样，阅读他们就如同饮一杯淡淡的绿茶，滋味虽淡，却能沁人心脾，回味无穷。他们的生平虽然没有大起大落的坎坷，没有叱咤风云的业绩，却凭其高尚的人格和渊博的学识，让每一个阅读他的人都能如沐春风，受益匪浅。已故著名国学大师毛子水先生，无疑就是这样一位可以影响读者一生的文化大师。说到对他的评价，有这样两句话可以概括：在研究科学的人中他的国学根基最好，在研究国学的人中他的科学根基最深，因此毛子水生前被台湾地区学术界尊称为“通人”、“通儒”，认为是极少数把中西之书都读“通”了的人之一。他的好读书和善读书，使他成为兼具西方科学和中国文化双重修养的文化大师，又被称为五四时代孕育的“百科全书式学者”。胡适曾称赞毛子水为“东南图书馆”，可见毛子水读书之多。

毛子水(一八九三——一九八八)，名准，谱名延祚，字子水，浙江江山石门镇清漾村人，系清漾毛氏第五十六世后裔。一九一三年，毛子水考入北京大学，与傅斯年、顾颉刚、杨振声并称为“胡（适）门四大弟子”。一九一八年十二月，“新潮社”成立并出版《新潮杂志》，毛子水是发起人之一。一九二〇年毛子水毕业留校任教，后赴德国留学，曾聆听爱因斯坦讲课。在德求学期间，毛子水与傅斯年、陈寅恪、罗家伦、俞大维、赵元任等在一起切磋学习，堪称群英荟萃。他曾说：“寅恪、元任、

大维、孟真都是我生平在学问上最心服的朋友，在国外能晤言一室，自是至乐"；我的"许多关于西方语言的见解，则有从寅恪得来的"。毛子水一九二九年回国后在母校任教并兼任北大图书馆馆长。抗战期间，他与著名历史学家陈寅恪一同南下，任西南联大教授。抗战胜利后他返回北平，仍任北大教授兼图书馆馆长。一九四九年毛子水去了台湾，一直在台湾大学、辅仁大学任教。即使是退休后，他仍受聘于台湾大学、辅仁大学，直到九十三岁高龄。其学术代表作《〈论语〉今注今译》系倾其一生心血而成，是当今海峡两岸最权威的《论语》诠释本之一。一九八七年，九十五岁的毛子水与著名国画家张大千、著名摄影家郎静山三人，获台湾当局颁发的文化奖。一九八八年五月十日，毛子水病逝，享年九十六岁。毛子水逝世后，台湾大学为纪念他，决定编辑出版《毛子水全集》，并由台静农教授负责组成编辑委员会。后台静农教授去世，由著名学者吴大猷接任，终使《毛子水全集》于一九九二年四月正式出版，分为《学术论文》、《学术著作》、《社论》、《杂文》、《传记》等五部。迄今为止，有关毛子水生平及学术思想的研究，已引起海峡两岸学者的高度重视。

任何一位文化大师的出现，既有偶然，更有必然。既仰仗先天之才华，更得力于后天之刻苦。按照毛子水自己的说法，他的成功得益于他一生中一直阅读研究的"一部半"书：一部《几何原本》和半部《论语》，前者启发了他的逻辑思考能力和高度的分析能力，后者则教他如何做人处事。宋初宰相赵普靠半部《论语》治天下的故事很多人都熟悉，那《几何原本》属于自然科学经典，对毛子水这样主要从事人文科学的学者又是如何产生影响的呢？且让我们慢慢道来。

一九一三年，毛子水考入北京大学预科。当时的北大预科分文、理两部，毛子水的选择是理科的预科，原因就在于他当年读书时深受章太炎"学术万端，不如说经之乐"的影响，想进大学专攻经学。但那时的北大本科没有经学门，而预科入学时必须填报读大学本科的科别，毛子水只好填报"天算科"，这其实也与毛子水在中学时最爱好几何有关。说到他与《几何原本》的缘分，则要上溯到其入学北大之前。当时他购买了金陵书局刻的《几何原本》和《则古昔齐算学》二书，在精心阅读后激发了对算学的兴趣。也正因为如此，一九一七年毛子水北大理预科毕业后，就升入北大本科数学门学习。青年时代的毛子水对数学情有独钟，期望成为一个数学家，以期造福祖国和人类文明，为此那本欧几里德的古希腊文《几何原本》成了他一生钟爱之物。本来，在北大预科毕业后，他的认识有所改变，专攻数理的理想在严峻的社会现实面前逐渐消退。在即将升入本科时，好友傅斯年也力劝毛子水认清自己的长处改学文科，希望毛子水在国学方面有所贡献。但毛子水以“学数学奠定逻辑基础，将来可以做明事理的普通读书人”而拒绝，最终坚持入数学系，并且留学德国时还是研究数理、科学史。

原来，毛子水自觉才学不够，既不能成为天算家，也成不了国学家，大概只能做一个普通读书人。他认为，既然如此，就应该多知道一些逻辑知识，而多学习数学，则学逻辑时就有稳固的基础。孰料为了这个基础，他一生和欧几里德的《几何原本》结下深厚缘分。留学德国时，毛子水四处搜集它的重要版本，并为研究这部书，选修了第三门外语——古希腊文。他的设想是根据自己搜集的若干版本和各种字典，在退休后校订前人旧译，完成一本符合现代学术体系的《几何原本》，将西方学术界有关该书的最新研究成果介绍给国人。虽然他最后没有实现这一愿望，但对《几何原本》的研究使其受益终生，却是事实。这也给今天的人文学者以有益的启示：是否也该适当阅读了解一些现代自然科学知识，以使自己的眼界更加开阔和思想更加自由呢？

不过，毛子水的专业虽为理科，却对国学一直很有兴趣。早在青少年时代，他读到《新民丛报》上梁启超的文章，即非常佩服。当时正是梁启超的“新民体”风靡一时之际，很多青年学子都迷恋于此，所以毛子水的爱好读梁启超也不足为怪。后来有同乡从日本带给他一本《章谭合钞》，并说章太炎先生的文章比梁启超更好。毛子水读后认为同乡所言不虚，便又搜遍章氏的每一篇文章认真阅读，从此章太炎成为在治学方面对他影响最大者之一（另一位自然是胡适）。所以在北大预科期间，章太炎正好被袁世凯软禁在北京，被允许开设国学讲堂，他常与好友一起去听。说到国学，则不能不提及毛子水的一个贡献，就是在当年胡适倡导“整理国故”时，第一次提出“国故学”概念的就是毛子水。在一九一九年四月撰写的《国故和科学的精神》一文中，他就提出：“古人的学术思想，是国故；我们现在研究古人的学术思想……这个学问，应该叫做‘国故学’：他自己并不是国故，他的材料是国故。”这一概念和解释很快被胡适所接受，他不仅随即在《论国故学——答毛子水》一函中加以运用，而且还在后来的《〈国学季刊〉发刊宣言》中对此重新给予诠释，他解释说：“‘国学’在我们的心眼里，只是‘国故学’的缩写。中国的一切过去的文化历史，都是我们的‘国故’；研究这一切过去的历史文化的学问，就是‘国故学’，省称为‘国学’。”

毛子水在国学研究上虽然成就斐然，但最为人们称道的是其《论语》研究，他是两岸学术界公认的《论语》研究权威。他的《论语》研究不光是匡正他人的研究失误，而且是发前人所未发，提出很多自己的独到见解，按照大学者黄侃的意见，学术研究是“发明”重于“发现”，所谓“发现”是之前本来没有，一旦有新材料问世，则新观点自然出现，而“发明”则是主要针对旧材料而言，是对早已熟悉之材料产生新的见解，所以更难也更重要。如此，则毛子水之解读《论语》，确实有很多可以称为是其独到的发明。例如《论语》中记述了孔子的“朝闻道，夕死可矣”，后人一般都把这个“道”诠释成真理之类，但毛子水认为它含有“天下有道”之“道”，全句的意义，近于“天下太平”的意思。因为孔子一生周游列国、晚年致力于讲学，所期望的只是“天下太平”。毛子水认为世界各民族古代圣贤中抒发这样忧世忧民之情怀者，当以孔子这句话最为显著。由此，他认为《论语》确是世界上宣扬仁爱的首部经典，从人文的立场讲，自应为人间第一书。他的《论语今注今译》于一九七五年由中国台湾“中华文化复兴运动推行委员会”审定，中国台湾商务印书馆出版。出版之后，轰动一时，连续六次重印再版，纯学术书如此，当为罕见。一九八九年，该书以《论语今译》之名由中国文史出版社出版，也引起大陆学术界的广泛关注。

不过，毛子水虽然在国学研究方面大有发明，却不是只知读古书的书呆子。早在五四时期，毛子水就是胡适的得意门生，与罗家伦、傅斯年等人积极参与新文化运动，是五四思想启蒙的先驱者之一。又如对于一九二六年“三 一八”事件中段祺瑞执政府卫队杀戮学生之事，几十年后谈起来他依然义愤填膺。一九四九年二月他去台湾后，毛子水先生一方面潜心研究，培育后人；一方面关注着两岸关系的变迁，并对肆意散布台独言论者严加驳斥：“稍能思想的人，都知道台湾是决没有脱离祖国而独立的理由的”，其对中国文化的热爱和盼望两岸统一的心情溢于言表。毛子水先生还是一位优秀的教育家。当年在北大任教时，他对北大的希望，就是北大能够请到好教授，教出好学生。他把能否罗致优秀人材来教育学生，作为判定一个校长是否合格的先决条件。在他看来，“得天下英材而教之”是平生的最大快乐，也展现出他总是以建设现代中国文化、促进国家文明进步为己任的博大胸怀。

作为一个深受中国传统文化影响的学者，毛子水对中国文化精神有着自己的理解并能化为自己的具体行动。一九四八年北平解放前夕，国民党与共产党展开争夺人才的“抢救大陆学人计划”，胡适、陈寅恪和毛子水等均被列入其中，胡适后来和陈寅恪乘同一架专机离开北京，后辗转去了美国，陈寅恪却选择留在了广州中山大学。据其后人介绍，一九四九年二月，毛子水决定去台湾，并在赴台前夕特意返回江山清漾老家，算是完成一次文化祭奠。据说快到家乡时，毛子水对弟弟毛延武说：“弟弟，我们下车走一程回家的路。”说罢竟然泣不成声。孰料此次探亲回家，竟成永别。十年“文革”期间，毛子水虽然是隔岸旁观，内心却为传统文化遭劫忧心忡忡。他知道自己在大陆的故居难逃劫难，但总是告知家人不忘“恕”道，并多次提及孔子的“己所不欲，勿施于人”。可喜的是，如今孔子这句名言，已经作为中国文化的精华和代表，被悬挂在联合国纽约总部的大厅内，为实现世界和平指引方向。

作为胡适的得意门生，毛子水终生对胡适极为敬仰，是胡适学术思想的最佳阐释者之一，为胡适思想的广泛传播作出很大贡献，而胡适也对他极为器重和信任。上世纪五十年代，胡适在美国立下“遗嘱”，即指定毛子水与哈佛大学教授杨联升为“遗嘱”执行人。作为胡适的学生同时也是其同时代人，毛子水对胡适在中国现代文化史上的地位和意义有独特深刻的认识。在《胡适之先生给我们的遗产》一文中，他对胡适思想的价值给予极高评价。他说，如果说富翁捐款办一所大学可以帮助许多贫困学生的话，那么胡适对中国文化的贡献，则可以惠及国家、民族和整个社会。具体说来，这种贡献可以分为以下六个方面：

第一，胡适提倡的白话文运动，不但对国民教育大有好处，而且还使我们的文学有了健康的身体与健康的精神。

第二，胡适的《中国哲学史大纲》为大家提供了一种新的科学的研究方法，从而改变了中国传统的“知其然而不知其所以然”的治学道路。

第三，胡适介绍的实验主义教人要懂得怀疑，不要盲目迷信现成答案。

第四，胡适提倡的“社会不朽论”，是为了让每一个人明白自己对于国家、社会以及人类文明的责任。

第五，胡适提倡的理性，是指无论讨论或处理什么事情，都要依据事实或证据才能作决定。

第六，胡适崇尚民主，是因为“民主是人类在政治上最进步的方式”；胡适崇尚自由，是因为“自由是人类文明进步的原动力”。正因为如此，他认为民主和自由是人类幸福的源泉，我们建立国家，就是为了实行民主、拥护自由、增进人民的幸福。

一九六二年胡适在台去世，毛子水满怀悲痛，为胡适写了堪称经典的墓志铭，全文包括标点在内仅一百三十七个字，却是字字珠玑：

“这是胡适先生的墓，生于中华民国纪元前二十一年，卒于中华民国五十一年。这个为学术和文化的进步，为思想和言论的自由，为民族的尊荣，为人类的幸福而苦心焦思，敝精劳神以致身死的人，现在在这里安息了！我们相信形骸终要化灭，陵谷也会变易，但现在墓中这位哲人所给予世界的光明，将永远存在。”

毫无疑问，只有真正的大师才有这样的概括力对另一位大师给出盖棺论定的高度评价，而语言又是这样的精炼、简明、意蕴深刻。

毛子水的时代，是大师辈出的时代，也是中国文化遭受外来文化冲击，中西文化开始大融合的过渡时代。这个时代事实上到今天还没有完结，海峡两岸的学人有责任有义务尽快完成这个过程。在这个意义上，重温毛子水的文字，跟随他们的思想进入那个逝去的时代，以追溯历史发展的脉络，为今天中国学术的发展寻找契机，该是很有意义的。毛子水曾经写过一篇题为《蔡元培——胡适——傅斯年》的文章，在其结尾，他这样概括三位大师特有的人格魅力：在行为的小节上，蔡、胡、傅三先生可能是不十分相同的人。但在做人的大节上，——如居心的正直，对国家的忠贞，“民胞物与”的胸怀，“无我、无私”的风度，“仁以为己任”的抱负，——这三位先生可以说是一样的。窃以为，将这样的评价移来概括毛子水先生，也是极为合适的。

此外，在优秀传统文化遭受漠视和误解，社会上庸俗粗俗低俗之风大肆泛滥的今天，在以丑为美、以恶搞炒作为出名手段以致很多人的价值观念被严重扭曲的今天，平心静气地阅读一点毛子水先生的文字，缅怀那些逝去大师的风姿绰约和特立独行之人格，当很有必要。

二〇一〇年七月草于杭州半黑半白斋

目录

第一辑

第二辑

第三辑

第四辑

第五辑

第一辑

谈诸子

我国学术史上所谓“诸子”，实在讲起来，正当于现在所谓“哲学家”，——政治和道德的哲学家。子本是男子的美称。古代师儒设教讲学，门徒弟子，成为“夫子”，或单言“子”。《论语》一书用这两个名字代表孔子，是最明显的证据。以后百家兴起，都循这个规例。而凡著书立说以传后世的，无论本身是否师儒，亦多袭用“子”名。因此，后世遂有“诸子”的名称。

诸子大都起于战国时代。春秋的后期，大部分因为孔子和他的门徒的力量，学术渐渐普及到平民。到了战国，平民求学更为容易；凡有才知的士人，都可以自成一家，都可以成为“子”。

《汉书》艺文志分诸子为十家（儒、道、阴阳、法、名、墨、纵横、杂、农、小说）：因为“可观者九家而已”，所以又叫做“九流”（十家除去小说的名称）。其实无论是十家或是九流，都不足为定论；即司马谈所论的“六家”（阴阳、儒、墨、名、法、道），亦还没有得着先秦诸子派别的真相。胡适之先生说过：“先秦显学，本只有儒、道、墨三家。”我们据孟子和韩非子的话，知道胡先生的说法是不错的。孟子曰：“杨朱墨翟之言盈天下；天下之言，不归杨则归墨。”（或谓杨朱即庄周，固然没有确证，但杨朱应是一道家，那是无可疑的。）韩非曰：“世之显学，儒墨也。”（韩非子在艺文志属法家；但司马迁以为韩非“喜形名法术之学，而其归本于黄老。”可见法家是道家的支流。）综合这两个人的话，我们知道战国时代只有这三个学派最有势力，最为大宗。

我们既以诸子为哲学家，则诸子的名称，应包括孔老以至程朱陆王；何以我国人讲到诸子，多只说“周秦诸子”呢？盖春秋以前，学术犹在王官，思想上还没有放出奇异的光彩；到了汉武帝以后，“定一尊于孔子，虽欲放言高论，犹必以无碍孔氏为宗。”（像王充那样的人，实不多见！）思想上已没有多大的独立自由的风气了。只有周秦诸子，“承受师法，各为独立，无援引攀附之事。虽同在一家者，犹且矜己自贵，不相通融。”所以能够各极理致，各坚义旨，而学术遂得有巨大的进步。因此，周秦诸子为我国哲学的渊源，亦为我国哲学的峰巅。（这句话当然不能概括近代西洋哲学输入中国以后；即佛典的哲学，似亦当作为例外。）而谈我国哲学的，便多只说周秦诸子。自然，程、朱、陆、王都是在诸子之列的。

唐以后，人所常读的子书，除孟荀老庄以外，还有杨子法言和文中子。其中儒家独多；乃时代使然。（宋世孟子升为经典，不复在子书中。）其他如管、晏、墨子、韩非、列子等，固亦有诵习者。至清代乾嘉以后，读子书的人渐多，而子书为人所诵习的亦渐多，这是因为从那个时代以后，声音训诂的学问，日以进步，所以能够了解周秦古籍的人亦日以增加。看清代末期，浙江官书局有二十二子的刻行，湖北官书局有百子全书的刻行，便可以知道当时的风气了。（这两部大丛书所包括的，已不限于周秦，且亦不限于哲学书，但周秦诸子的书，存于今世的，这两部丛书中差不多都有。）

现存的诸子书，除去依托的伪书（管子，列子等）外，很多是真伪杂揉的。（老子庄子都是！）且伪书里面，亦有很有价值的材料。（如管子这部书便是一个好例！）学者要读古书，已须知辨真伪，又须知真中有伪，伪中有真。一个读书人，要有相当的训练，才能做到这个地步。每读一部古书，最好能求得一种校订或注解最好的版本。如庄子须得有王叔珉的庄子校正和郭庆藩的庄子集释或钱穆的庄子纂笺；荀子须得有王先谦的荀子集解或梁启雄的荀子柬释；墨子须先有孙诒让的墨子闲诂等等。最要的是，每读一书，先请教对于这部书的专家或名师。

孟、荀、老、墨、韩非、《吕氏春秋》等，为我国几部最古的政治和道德哲学的书。先民所以经纪人伦平章百姓的法度，大部分都在这几部书里面。实在说，周秦诸子和周易及《论语》，是我国民族政治哲学和道德哲学最重要的文籍。《论语》是孔子的言行录，和希腊哲人索格拉底的弟子关于索格拉底的行述相仿佛，是人类文化最珍贵的记录；但照着图书分类的方法，应当与孟子同列人儒家。周易虽然根源于卜巫，乃我国古代关于人生行为的指导书，是我们民族智慧的宝库。若说这部书有玄妙的意义，那是“欺人之谈”。（当然，从一个意义讲，天下的事物，没有比人生行为更为玄妙的！）这部书的来源很古；民间能得以诵习，则应由于孔门弟子传播学术的功劳。大概卦爻的“架子”，是古代王官的遗产，而一切辞义，应是儒家所整齐修饰的。易虽然自战国后期便为六经的一种，实在是一部哲学书，而当列入儒家中的。严格的批评起来，六艺略中的六经，易应入诸子略，诗应入诗赋略；其余四经，则都是史书。（这亦不过就大体讲罢了；礼记中的礼运、学记、中庸、表记、儒行、大学等篇，都是应该录入诸子略中的！）从思想史的观点讲，诸子的重要，比起六艺略中的书、礼、春秋来，有过之而无不及。

论“考据”和“义理”

从前学者多以考据、义理、词章为学问的三途。好像宋代便有这个说法了。近来听说有些学者，谈到学问时，便扬义理而抑考据，以为考据是末是粗，而义理是本是精。这话如没有详明的解释，是很容易遗误青年的。所以我现在试为一分辨。

第一：我们把“考据”看作史传记载的征实和辨正，把“义理”看作人生哲学的研讨。就这个定义，则考据和义理乃是两种不同的学问。考据是属于语言和历史范围以内的事情，义理则为哲学的一支流。人生禀受不同，对于知识的趣味亦各不同。有些人穷年兀兀，考出一事一物的真相，便以为毕生的大乐：有些人以为非特“六合之外”，不干人事，即“先王陈迹”，亦和人无关；人生应该留意的，只是自家的行为问题。因此，在做学问的人当中，有些喜欢考据，有些喜欢义理。考据和义理，各为学问的一途。这是最自然而最应当的现象。“知者乐水，仁者乐山。”每个人都就他的性情所近而从事于知识的寻求，乃是合理的事情。我们固不能以考据为粗而以义理为精，更不能说考据为末而义理为本。如果要妄分轻重，那就犯了错误了。

第二：我们如果把考据和义理都从治“国学”者的观点来讲，则考据是指草木鸟兽和典章制度的探讨言，义理是指圣贤修己治人方术的阐明言。圣贤修己治人的方术，记在六艺群书。我们要懂得六艺群书，才能够懂得圣贤修己治人的方术，古人所用的鸟兽草木的名字，古人所行的典章制度，如果懂得不清楚，便不可以算是懂得古人的书。古人的书不能懂得，怎样还能去阐明古代圣贤修己治人的方术呢？这个道理，极为明显。我现在如果再援引清代乾嘉时期大师的老话以证明这个道理，那好像看读者太没有领悟的能力了。照这个说法，我们非特不能说考据为末而义理为本，并且应当说考据为本而义理为末；因为如果考据的功夫不到家，义理便无从谈起。譬如建造房子，基础打得不稳固，怎样讲得到“宫室之美”呢！至于精粗问题，更没有什么可讲的。考据精则打基础在考据上的义理亦愈精，考据粗则打基础在考据上的义理亦愈粗。考据不准确，则打基础在这个考据上的义理亦难得准确。因此，即纯就“国学”的观点而言，我们亦不应该重义理而轻考据。

或以为做学问的目的在明义理；已以义理为目的，便应趋向目的而行。不然的话，栖迟于考据的路上，终难达到目的地。这样的做学问，一辈子不会成功。这话似很动听，但实际亦不对。做学问的目的是不是在明义理，那是另一问题，就算做学问的目的专在明义理，我们亦不能叫每个做学问的人都要趋向目的而行。学问的范围，日以深博；义理如果为学问的目的，决难每人都能达到。这是稍明做学问门径的人所共同知道的。我们且以我国的经学为例。从汉唐以至现在，有许多人都以为义理出在“圣经”。但没有音韵训诂学，决不能有乾嘉以来的经学。而音韵训诂的学问，差不多都需毕生的精力的。我们不能责治音韵训诂的人去讲义理，正和我们不能责讲义理的人去治音韵训诂一样。学术上许多地方都需要分工合作，非特现代的科学是这样，即我国古旧的经学亦是这样。明白学问上分工的道理，便知道考据和义理的不可有所轻重了。

以上所讲的，我自信是一种持平的议论。但学问的事，亦很繁复；上面所谈到的，乃是最普通的情形。我且再举一事例以明考据和义理有时须仔细分别。现代有许多学者研究宋明理学：研究宋明理学，在许多人心目中是义理的学问；但依我的见解，这是考据范围以内的事情。什么是“天”？什么是“理”？什么是“气”？怎样叫做“敬”？怎样叫做“静”？张载怎样讲？程颢程颐怎样讲？朱子以后那些理学家又是怎样讲？关于宋明理学的无数的这样问题，我们如果能够一一穷源竟委，辨析毫芒，以求得正确的解答，那我们便可算是研究宋明理学。这样的做学问，不是考据是什么？宋明一部分儒者思考的结果，固然可以叫做义理；但这是宋明人的义理。研究出他们为什么那样思考；怎样才得到这些结果：那是我们的考据，那是学术史一部分的事情。我想，有许多讲宋明理学而轻视考据的人，简直不知道自己在做什么！

我并不是说世间没有义理这种学问。我上面所提及的“人生哲学”，我们固然可以把它列在“义理之学”里面。实在，何止人生哲学！世间一切道理，大而宇宙的演化，小而昆虫草木的生灭，都可以说是在“义理之学”范围以内的。但无论哪一种学问，真正不愧“义理”的名字的，都应当以最精审的考据为基础。我国旧时做学问的“引证”和“校勘”，固然是考据的功夫；即现在科学方法中的“观察”和“实验”，亦是正当的考据功夫。我敢大胆地说，不是用现代科学方法得来的义理，是没有价值的。所谓科学方法，即是“观察”，“实验”，“有一分证据，说一分话”。凭这个标准，我国宋明儒者所敷说的义理（例如《近思录》所记载的），有许多固然仍是世间的嘉言，有一部分则已不足信了。

最有关于人生的义理，如道德哲学和政治哲学，一部分根据人生的经验，大部分则须根据现代的生理学、心理学、经济学等。生理学和心理学，可以说是考据的学问；但它们的理论部分，和一切自然科学的理论部分一样，可以说是最纯粹的义理的学问。想到这里，我们觉得我们现在谈学问亦可以不必再谈考据和义理的分别了。

我国古代学者对于学术分类和图书分类的意见

做学问的人对于学术分类如果有一个很清晰的观念，则对于他自己所专门的学问的门径和方法便有把握得多。我这篇文字，是略述我们先哲对于学术分类的意见的；因为我们古代的图书分类亦是学术分类为根据的，所以也兼及图书分类的大概。

曾国藩的圣哲画像记里面说道："姚姬传言学问之途有三：曰义理，曰词章，曰考据。戴东原氏亦以为言。"（按戴氏以义理、考核、文章为这三事的名称。）实在，把学问分为三类，不是从戴东原、姚姬传开始，宋代程伊川便已这样。程氏遗书记伊川语云，"今之学者三：一曰文章之学，二曰训诂之学，三曰儒者之学。"程氏所谓儒者之学，即戴、姚二氏的义理；所谓训诂之学，即戴氏所谓考核（姚氏所谓考据）。

离开现在差不多九百年的程氏，当然不能知道现代哲学家对于学术分类的种种说法；但程氏的分类，却和后他五百多年的英儒培根的说法不谋而合。培根以为人类的学问有三大部：一是历史，二是诗歌，三是哲学或科学。历史根于人类的记忆；诗歌根于人类的想象；哲学或科学根于人类的理性。我们很容易看出：历史即程氏的"训诂之学"；诗歌即程氏的"文章之学"；哲学或科学，即程氏的"儒者之学"。含义可能稍有出入，但大致是相同的。

培根这个分类，为十八世纪中著名的法国百科全书所根据，晚近英国一个有名的科学家卡尔　皮尔生，亦称培根的分类可以使我们懂得"学术的流别正和树木的分枝一样；树干必俟长到相当大时才会生出树枝。"培根的分类，已含有学术一源的道理，又含有学术进化的道理。

培根以记忆、想象、理性为历史、诗歌、哲学所从出：这个说法，现代的学者多认为不妥。但我以为培根这个分类的优点，就在他把人类智力的类别做学问类别的根据。在“分类的方法”上讲，这是十分有理的。至于三百多年以来生理学和心理学的进步，使培根的学说显出它的缺点，那是意中的事。我们现在不能说程伊川的说法所根据的理由亦和培根的一样，但我们从这里可以知道，大凡有精思的学者的见地，多会相同的。

讲到这里，我们自然要想起在程伊川以前一千多年的刘向、刘歆父子关于图书分类的方法了。《汉书》艺文志云，“……成帝时，以书颇散亡，使谒者陈农求遗书于天下；诏光禄大夫刘向校经传、诸子、诗赋，步兵校尉任宏校兵书，太史令尹咸校数术（占卜之书），侍医李柱国校方技（医药之书）。每一书已，向辄条其篇目，撮其旨意，录而奏之。会向卒，哀帝复使向子侍中奉车都尉歆卒父业。歆于是总群书而奏其七略；故有辑略、有六艺略、有诸子略、有诗赋略、有兵书略、有数术略、有方技略。”七略中的六艺、诸子、诗赋三略，为向歆所校定的，正和程伊川及培根的三分法相合：六艺即是历史；诸子即是哲学或科学；诗赋自然是文章了。至于任宏所校的兵书，尹咸所校的数术，李柱国所校的方技，本都可以归入诸子略中的，不过因为请“专家”分校，所以便各为另立一略。向歆的心理，决不至不把兵书、数术、方技和诸子同样看待的。这和梁有任昉、殷钧的四部目录以外又有祖暅的术数书目录的情形相同。至晋荀勖的中经簿于四部以外更有佛经，则似以佛为“外学”的缘故；又当别论。可惜辑略已佚，我们没有法子得着直接的证据了。

向歆父子把所校的图书分为三类，便是他们心目中对于学术的分类。汉宋两代，我们中国学术的境界大致相同，所以他们在学术分类上和程伊川的见解亦大致相同。他们当时以兵书、数术、方技各自为类，纯粹为校书时的便利起见，并不是他们的正意所在。据隋书经籍志，则晋代秘书监荀勖的中经簿已把兵书、术数等和诸子列于同部了。（梁阮孝绪把医经、医方和数术各种合为技术录，想荀簿上当已把方技各种亦和诸子列于同部了。惜隋志漏举，无从证实。）到了隋书经籍志，便将兵法（兵书）、天文、历数、五行（数术）、医方（方技）等列入子部；这就是说，将刘歆的兵书、数术、方技三略并入诸子略。外表看起来，似和七略大相径庭；实则这和刘歆奏七略时的本意并不违背的。

清代四库全书总目分为经、史、子、集四部，本于隋书经籍志；惟隋书经籍志于四部外另立道经、佛经二部，而四库总目则依宋世崇文总目例，将道书、释书列入子部，（道书附入道家）这个四分法，并不是隋志创始的。据隋志，晋荀勖依魏郑默的中经，“更著新簿，分为四部，总括群书。一曰甲部，纪六艺及小学等书；二曰乙部，有古诸子家、近世子家、兵书、兵家、术数；三曰丙部，有史记、旧事、皇览簿、杂事；四曰丁部，有诗赋，图赞、汲冢书。”后来李充“因荀勖旧簿四部之法，而换其乙丙之书”（阮孝绪七录序）；“甚有条贯，秘阁以为永制，五经为甲部；史记为乙部，诸子为丙部，诗赋为丁部。”（文选王文宪集座序引臧荣绪晋书。）这样看来，四分法盖始于荀勖而定于李充；惟经、史、子、集的名字，则是隋志才定的。（经、史、子三名都是汉魏以来便以习用的；只有“集”的一名，至梁代阮孝绪作七录时才创用。宋世王俭撰七志，改七略的“诗赋”为“文翰”。阮氏以为“顷世文词，总谓之集；变翰为集，于名尤显。”所以七录的第四录为《文集录》。）

我在上面表示过，刘歆的七略，实即历史、哲学（或科学）、文学的三分法：辑略应是群书的总要而和分类没有关系的；六艺是历史；诸子和兵书、数术、方技是哲学（或科学）；诗赋是文学。若将四部的经史合并，则亦是同样的三分法。经史的分为二部，似始于荀勖；大约是因为“尊经”的观念和书籍分量的关系，并没有理论上的根据。就大致言，以前我国图书的分类，亦就是义理、考据、词章三门。至于各门各部中小类的分合出入，那不是这篇短文所能详及的。

近三十年来，我国较大的图书馆，因受欧美图书分类法的影响，多已摒弃旧录，改从新目；这是很自然的趋势。无论何种的图书分类法，初制定时固然都有依据学术分类的本意；但学术的发达，已不能各部匀齐，而图书有插架的关系，分类一定，自难以日改月变。这是从事图书馆者所无可如何的！

论古书新印（节选）

古书新印，是最近数十年中我们文化事业上的一好现象，而尤一九一九年至抗战开始时这段时间为值得注意。在前清末叶，我们也有许多石印的书籍，如脉望仙馆的十三经，如裴英馆的资治通鉴，如同文书局的《二十四史》、《全唐诗》、《佩文韵府》、《康熙字典》等等。（《图书集成》，由公家翻印的较大的本子，似没有在市面上流通；由商家排印的，不好。）但那可以说书贾翻印士人所常用的书籍，以为从事科举的人用的。所以自科举停后，这等书籍销路不广，也就不大有人来经营翻印的事业了。惟关于中国文史几部基本的书籍，在上面所列举的几种外，如段氏说文注和胡刻文选等，均不断的有新石印本出来。这回最有大贡献于学术界的，则为商务印书馆于一九二〇年开始出版的《四部丛刊》（在抗战前共出了三编）和于一九三〇年开始出版的《百衲本二十四史》以及中央图书馆所主持的《四库珍本》和《玄览堂丛书》等。故宫博物院于一九三二年所景印的天禄琳琅丛书第一集，虽只有十五种，然大部分都是在版本上极有价值的古书。其次则为中华书局的《四部备要》，商务印书馆的《丛书集成》《十通》，开明的《二十五史》和世界书局的《十三经注疏》正续《资治通鉴》等等。今就个人所见及的，略说一说这些书的得失。至商务印书馆所出的《万有文库》，卷帙虽多，但目的不在传布古书，所以我不去讨论它。

《四部丛刊》和《百衲本二十四史》，可以说是由张元济发动的。张元济这个人，没有什么学问（看他的《节本康熙字典》可知）。但他的主张印行这两部书，则实为对我们学术界有贡献的事情。“春秋善善恶恶”；我虽然不喜欢他的为人，但亦不抹杀他这一点好处。这样的一个书贾，对于学术界的功劳，有时并不下于一个学者。差不多八十年前，张之洞会说：“歙之鲍，吴之黄，南海之伍，金山之钱，可决其五百年中必不泯灭！”依现在来讲，张之洞的话已不能应验了。但鲍、黄、伍、钱诸人的有功于当时学术界，亦将永为一件好事。当然，四部丛刊和百衲本二十四史的制成，亦不能算是完美。如摄影不清晰的地方，描字的书工已不精良，而所描的字又时有错误。但就大体而言，实为“瑕不掩瑜”。

中华书局的四部备要，是和四部丛刊齐名的。四部备要（除极少数几部书外）可以说都是排印本。排印本无论校对得如何仔细，终难免有错误；这是一个缺点。但四部备要的用处，应比四部丛刊大得多。四部丛刊和百衲本二十四史，可供学者校订古书时作一种参考，或供“嗜书者”（Bibliophile）欣赏古本的用处。这两种用处，当然都是一个文明的社会所需要的，但并不是大多数人士所需要的。而四部备要则为我国古来各重要书籍的比较精善的读本；每个完备的中学或公立图书馆似乎都应置一部。我们看四部备要中，已印阮刻的十三经注疏，又印清代学者的《新疏》。这样的一个意见，是值得称赞的。（当然，新疏的挑选，颇有问题；但大致不差。）不过许多子部的书，不要说民国以来的，就是清代学者的新解，也没有采用。这是一个没有彻底的办法。又，许多书籍，不要讲别的，即就经济的观点而言，亦不能用排印的，（如段氏说文注和集韵等），竟亦排印了。至于所根据的本子，尤多可议的地方。如许多清代学者的经疏，可照原刻本的，而四部备要往往只根据《学海堂本》；许多子部的书，清代学者校刻本尚存的，而四部备要往往只用浙局本而不用原刻本。至于印吴志忠校刻的四书集注，删去原有的《附考》，尤为荒谬之至。（数年前我在信义路一旧书店中，看见日本东京文求堂影印吴刻四书集注的残本，惊叹不已。这样一部好书，我们自己竟没有影印本，岂不可耻！）将来中华书局重振旧业，则四部备要当有一改良版；这个改良版，应当注意到这些地方。

有人以为丛书集成的印行，对于学者的帮助，比其他新出的丛书都要大。这话是有一部分理由的。因为好的丛书里面，大都是稀见的书而校刊得很精良的；把这种书籍集于一堂，当然可以觉得四壁琳琅。但我以为印行丛书集成的意思虽好，而印行的方法则没有尽善。且举一件事来说。孙刻平津馆丛书，原刻本并不难得；而商务馆印丛书集成时，竟用光绪年间朱继荣翻刻的平津馆丛书为底本。翻印古书，岂可这样的随便！

天禄琳琅丛书固然印得好，但嫌太贵。这里面有好几部书是可以供学者研究时用的，所以应有便宜本。（商务馆续古逸丛书里面的书如宋刊本《南华真经》

（《庄子》）等，亦有同样的情形。）至于四库珍本和玄览堂丛书，出自“中央图书馆”，除四库珍本所用的纸张不十分理想外，其余没有什么可说的。（台北艺文印书馆印行的经韵楼刻本说文注，极好；可惜没有通检！）

商务的《十通》，开明的《二十五史》，世界书局的十三经注疏、通鉴、文选、说文解字注、经籍纂诂、说文通训定声等等（都是影印本），实大有功于读书人。所可议的，十三经注疏本子太厚，不便于用。但说文注、经籍纂诂、说文通训定声三书各为一册，翻检利便，则为以前学者所没有享过的福。

这些都是三十年来较重要的古书新印。将来无论公私，都应该对于这件事加以注意，所以我把过去的情形略作批评，以为后起者的借鉴。实在说，有资本的书业商人，现在就可以着手了。除此以外，如暖红室所刻的传奇，如暖北先正遗书、安徽丛书等等，都是好书；其余单印的善本，更难以枚举。

这篇文章将写好时，有个朋友持六艺出版社新印的（台大消费合作社和正中书局等代售）的《胡适文选》相示，曰，“老兄讲古书新印；这亦可算得古书新印么？因为这本书完全是二十二年前的老样子，没有改动一个字。”我笑说道：“二十多年前的书，应当可以说是古书了；但胡先生这本书，就内容讲，实是一本崭新的书。胡先生爱国家、爱民族、爱我们中国青年的热情，犹活跃于书页上；我们大家，还没有尽量接受胡先生的好意，还应当仔仔细细的一读。我们应当把它当作一本新书读，不应当把它当作一本古书读。”

文章的“通”和“不通”

“这篇文章不通”；“这句话不通”；“某某的文章不通”；这都是在众人广坐中间常听见的话。

但文字的不通，并不是很简单的事情。有用字的不通；有造句的不通；有缀辞的不通；有立意的不通。有些不通是关于单词的；有些不通是关于语法的；有些不通是关于逻辑的。

立意的通不通，是思想上的问题，不是文字上的问题。思想固然是文章的灵魂，但我今天这篇文字，只打算讲语言上的利病，不愿意牵涉到思想，所以把立意的通不通撇开。

用字，造句，缀辞三个题目，每个都可以写一大本书。我常怂恿朋友中对作文技术有研究的人写一本较详尽的书出来以嘉惠初学。却一直到现在，我们还没有一本很完备的作文教科书。一本好书，固然不是一时三刻所能产出的；但没有这样一本书，究竟是我们语文教学上的一大缺陷。我今天这篇短文，目的就是要提出这个题目，以引起学人的注意。（从唐宋以来，我国学者亦屡有注意到这个问题的——柳宗元已以“用助字不中律令”指斥人了。至金朝王若虚的《史记辨惑》、《新唐书辨》、《文辨》等作，可以说是我国“作文学”的椎轮。可惜国人的学写作，一向只知道用“熟读千赋”的老法子，致学子没有思辨的功夫，所以不能得到完备的效果。王氏辨惑的刊行，到现在已有六百六十七年了；但这部著作还值得从事写作的人一看。在这篇短文里，我所以多引王氏的话，一来是要表彰先哲，二来亦欲藉以启发初学。）

用字好像是一个比较简单的问题。应该用“蓝”字时你用“青”字，应该用“燕”字时你用“雀”字，当然是错了；天已黑了，你向人请“早安”，亦是错了。这种错误，是由于没有初步语言的知识；我们不必去讨论。但用字实不是一个简单的问题。"吟妥一个字，捻断数茎须。"做诗有这种困难，平常说话亦有这种困难。

最明显的困难，是在所谓"同意词"上。用"漂亮"呢，用"好看"呢，或用"美丽"呢？用"初"呢，用"始"呢，还是用"哉"呢？用"如果"好还是"倘若"好？这种问题，初听到好像很粗浅；要去回答，便觉到不十分容易。实在，我们可以说，没有一个绝对对的回答。选用一个适当的词，应该看听话的人是哪样的人；在什么地方讲的话；在什么时候讲的话。这些情形的不同，可以影响到词的选用。当然，有时是可以用你平常说话的习惯来做标准的；但统计的数字可以做你更好的标准。譬如，倘若统计数字告诉我们用"如果"的人多，我们就应该用"如果"；如果统计数字告诉我们用"倘若"的人多，我们就以用"倘若"为好。

用"易识字"当然是最稳妥的用字方法。但这只能说是在许多完全同意词里边选用一词的标准。若各词的意义稍有参差，便不能墨守这个方法了。从前韩愈替贾岛决定"僧敲月下门"句中的"敲"字，并不是因为"敲"字比"推"字容易认识，乃是因为"敲"字把意思表达得好一点。（在许多意义完全相同的词里，合于用词者说话的词自然是最易识的，因为这一词在用词者的心里，意义特别明晰。从"用易识字"的情形来想，我们便可以知道白话文要比文言文好了！）

顾炎武说，"舍今日恒用之字，而借古字之通用者，文人所以自尽其俚浅也。"照理说起来，非特用古字为可笑，凡是用歇后语或者普通所谓典故的亦一样可笑。王若虚《谬误杂辨》（滹南遗老集三十三）中有一条说得最为通达；我把它录在下面：

自东汉以来，史传文集中往往以"贻厥"为子孙之名，"友于"为兄弟之名；至有谓"隆于友于""传诸贻厥"者。公然相袭，恬不知怪。近世或辨其缪矣。然不特此也。书称"知人则哲"；而范晔云，"则哲之鉴，惟帝所难"；宋文帝云，"吾无则哲之明"；沈约云，"有以见武皇之则哲。"书称"王赫斯怒"；而薛综上孙权疏云，"抑雷霆之威，忍赫斯之怒"；又有言"发赫斯之命"者。论语称"色斯举矣"；又曰，"乐云乐云，钟鼓云乎哉"；左雄上疏有云，"或因罪而引高，或色斯以求名"；刘平等传引云，"钟鼓非乐云之本。"书称"士爰稼穑"；范文正秋香亭赋云，"赋士爰之甘味。"孔子曰，"盍各言尔志”；又曰，“君子于其所不知，盍厥如也”：梁简文论古今文体不同则有“俱为盍各”之辞；司马贞讥《史记》不传季札诸人则有“何为盍厥”之语。呜呼，学者于义训幽深隐奥者容有差误，至于此类，如辨白黑矣。而卤莽如是。其与 矇瞽何异哉！东坡诗云，“圣善方当而立岁，乃翁已及古稀年。”此则滑稽以为嬉笑者耳！而艺苑雌黄与“友于”“贻厥”同讥，过矣！（司马贞的“盍厥”可通）

我们语言中的复词，有可以倒讲的。例如，“尚犹”(《左传》)可以作“犹尚”(《汉书》)；“和平”亦可说作“平和”；我们普通用“比较”，但亦有少数人用“较比”；古多用“民人”，今通称“人民”。不过大多数的复词是不可以倒用的。例如，“辩论是非”不能说作“辩论非是”；亦没有人把“颠倒”说成“倒颠”。王若虚《新唐书辨》下（滹南遗老集二十四）：“人皆言“利病”，而子京每言“病利”；人皆言“可否”，而子京或云“否可”。虽义理无异。而读之不明矣。此等犹求异于人，不已甚乎！”宋祁的不通，这里亦可以见到一斑了。如果把“可否”说作“否可”，比起把“男女”说作“女男”，“阴阳”说作“阳阴”来更为可怪。

出言以简洁为贵。用两字和用三字所表达的意义完全相同，则只应用两字。王羲之《兰亭集序》的“丝竹管弦”，昔人以为有重复的毛病。王楙野客丛书虽然替他辩护（说“丝竹管弦本出前汉张禹传”），但究竟不可为法。王若虚《史记辨惑》所举出的“诸侯无不人人惴恐”（见项羽本纪：“无不”“人人”字意重。）和“天下大氐无虑皆铸金钱”（见史记平准书；汉书食货志同。“大氐”“无虑”语意重复。），都可以说是太史公不妥的地方。（李密《陈情表》：“况臣孤苦，特为尤甚。”下四字亦难解！）

造句和缀辞的毛病，有很难看出的，亦有很容易看出的。容易看出的毛病，大抵在字序方面。滹南遗老集三十三：“《史记》言四皓定太子事，云，“留侯本招此四人之力。’当作‘本留侯’。石庆数马事，云，‘犹然如此。’当作‘然犹’。通鉴称苻坚喜王猛诛诸豪强，云，‘吾始今知天下之有法。’当作‘今始’。郭从谨言于唐明皇云，‘草野之臣，必知有今日。’当作‘知必’。德宗闻李泌补戍卒之说，云，‘如此，天下复无事矣。’当作‘无复’。权德舆论光武封子密事，云，‘反乃爵以通侯。’当作‘乃反’。”在我们现在来讲，周汉时代状词的位置，容有和我们不同的地方。但王氏在本节所匡正的，大皆有理据。（左传昭二年：【韩宣子】观书于太史氏，见易象与鲁春秋，曰，“周礼尽在鲁矣。吾乃今知周公之德与周之所以王也！”——这里我们现在应该用“今乃”；但我们自不能用我们的语法以议春秋时代的人的说话。）

缀辞的毛病不关于字序的，则颇不容易看出。欧阳修替韩琦做的《昼锦堂记》，是宋朝一篇极有名的文章。这篇文章里“来治于相”一语，当时曾巩以为有毛病，自然是因为“于”字下得不妥。这还是容易看出的。至于篇首四句：“仕宦而至将相，富贵而归故乡：此人情之所荣，而今昔之所同也”，则毛病很大。前两句还只是不大好，并没有不通的地方；后两句可以说是不通了。“仕宦至将相，富贵归故乡”，固然是“人情之所荣”的，怎么可以说是“今昔之所同”的呢？如果说“今昔之所同”是指“人情以仕宦至将相，富贵归故乡为荣”言，则下两句当并成“此今昔人情所同以为荣者也”一句方合。若如原文，实不合语法。（参看李斯《谏逐客书》：“是使国无富强之实，而秦无强大之名也。”）世传，欧阳修初稿的头两句是：“仕宦至将相，富贵归故乡。”韩琦得到这篇记文时，颇为爱赏。过了几天，欧阳修又差人送去一本，说，“以前的本子有错；可用现在这一本。”韩校比再三，看不出有什么不同的地方，后一本只于“仕宦”和“富贵”下各添一“而”字。——这个故事若是真的，则我们可以知道欧阳修当时所最注意的，乃在句调上，而不在语法上。仅注意句调而不注意语法，所以犯了不通的毛病。

苏轼《潮州韩文公庙碑》的起首：“匹夫而为百世师；一言而为天下法：是皆有以参天地之化，关盛衰之运；其生也有自来，其逝也有所为。”这里的“是皆”两字，是不是指“匹夫为百世师、一言为天下法”两件事情的呢？（如果是，可通。）下面两个“其”字，亦还是指那两件事情的么？或是专指那为百世师的的“匹夫”而言的呢？这种地方，大概亦是为弄句调而至于不妥的。

王安石《读孟尝君传》的起首“世皆称孟尝君能得士士以故归之……”一句里，“以故”二字是有语病的。墨子经上：“故，所得而后成也。”说文：“故，使为之也。”王氏这篇文章里的“故”字，指什么而言呢？我们似可视作两个假设。如果王氏以“世皆称”只管着“孟尝君能得士”六字，则“故”字当是关“世皆称”三字而言的。那么，王氏以为士的归孟尝君，乃是因为那时世人都称赞孟尝君的能得士。这既不见于史传，王氏恐亦不至于作这个“想当然”。所以“故”字是不可能关“世皆称”三字的。如果王氏以“世皆称”三字是统摄下文十一字或二十三字的（照全篇文理讲，应当这样；并且，读这篇文章的人亦多这样），则“故”字只能指“能得士”三字而言。“世人（孟尝君以后的，尤其是王安石时代的世人）都称赞孟尝君，‘说他’能够得士，所以士‘多’归孟尝君，……”这等于“世人都称赞孟尝君，‘说他’能够得士，所以孟尝君得士，……”这不是一句废话么！我很奇怪，为什么王氏下笔的时候不用史家常用（而且是顺理成章）的“善养士”而用“能得士”呢？

韩愈《杂说》一：“云，龙之所能使为灵也；若龙之灵，则非云之所能使为灵也。”删去“之灵”二字，便成清通的古文。

我以为一个民族能够有清楚的说话和清楚的文字，才能有清楚的思想。一个民族有清楚的思想，才能“国家以宁，都邑以成，庶民以生。”文章的通不通，和国运有很大的关系。所以我希望我们有教育国民责任的人能够注意到这件事！

一九五六年十月九日《中央日报 学人》

关于我国文字的一些常识

一、谁是头一个创造文字的人

我们现在所能看见的我国最古的文字，是殷虚的甲骨文字。这些文字，都是三千年以前的。据现在甲骨文专家的估计，甲骨卜辞里所含的不同文字，约有三千个；而这三千个里面，有许多是形声字。至于甲骨卜辞不能尽用当时所有的文字，那是很明显的。所以殷虚所发见的文字，决不是我国最原始的文字。从我们民族初有文字到盘庚迁殷的时候，可能既过千年了。我们如果说我们现在的文字已有四千多年的历史，是不会十分错的。

在周秦诸子里，始有"仓颉作书"的话。（广韵九鱼引世本曰，"沮诵仓颉作书。"世本的成书，当在战国后期。）荀子解蔽篇："好书者众矣；而仓颉独传者，壹也。"吕氏春秋审分览君守："奚仲作车；仓颉作书；……"韩非子五蠹篇："古者仓颉之作书也，自环者谓之私，背私者谓之公。"但仓颉的年代，我们已无从考定。尚书正义卷一：其仓颉则说者不同。故世本云"仓颉作书"：司马迁、班固、韦诞、宋忠，傅玄皆云"仓颉，黄帝之史官也"；崔瑗、曹植、蔡邕、索靖皆直云"古之王也"；徐整云"在神农黄帝之间"；谯周云"在炎帝之世"：卫氏云"当在庖牺苍帝之世"；张揖云"仓颉为帝王，生于禅通之纪"。……是仓颉年代莫能有定。"这样一个年代不能有定的人，其他一切当然无从说起。后世"仓颉作书而天雨粟，鬼夜哭"（《淮南子》）"仓颉四目"（《论衡》）等等的神话，都是因"作书"的传说而附会的。

我们固然不能断定古代没有一个名叫"仓颉"的人；我们亦不能说古代一个叫做仓颉的人没有作过创造文字的企图。不过我们不能说我们现在的文字的原始祖宗是由一个仓颉造出来的。从"文字书"到"文字"，所历的年岁，当以千计；而且这段时期的两端都不能有很明晰界限的。商代文字里还保存着很多的图画文字，便是我这句话的说明。文字的产生，乃由先民长久的经验积累而成，决不是一人一时的功力所致。易系辞曰，“上古结绳而治；后世圣人易之以书契。”这个“后世圣人”的名字，起得最好。写这段系辞的人，是很通古代社会发达的情状的，所以把远古人类的发明都归诸没有名氏的“后世圣人”。

战国时代所以有“仓颉作书”的传说，我们现在自然难以寻究根源了。也许当时有一个“闾里书师”名叫“仓颉”的，或以字写得好著名，或以字写得正著名，或以深通“小学”著名，为乡曲所称誉；十口相传，过了几代，便成为文字的发明人了。这当然是一个假想；但仓颉为黄帝的史官的话，并不比这个假想更为可靠。

二、什么叫做“六书”

“六书”这个名词，最先见于周礼。周礼地官：“保氏掌谏王恶而养国子以道；乃教之以六艺：一曰五礼，二曰六乐，三曰五射，四曰五驭，五曰六书，六曰九数。”郑玄周礼注引郑司农云，“六书，象形、会意、转注、处事、假借、谐声也。”班固汉书艺文志：“古者，八岁入小学，故周官保氏掌养国子，教之六书，谓象形、象事、象意、象声、转注、假借，造字之本也。”许慎说文解字序：“周礼，八岁入小学，保氏教国子先以六书，一曰指事：指事者，视而可识，察而见意；“上”“下”是也。二曰象形：象形者，画成其物，随体诘诎；“日”“月”是也。三曰形声：形声者，以事为名，取譬相成；“江”“河”是也。四曰会意：会意者，比类合谊，以见指撝；“武”“信”是也。五曰转注：转注者，建类一首，同意相受；“考”“老”是也。六曰假借：假借者，本无其字，依声托事；“令”“长”是也。这三家的说法，名目虽异，意义实同；可能都是本于刘歆的。

六年前，张政烺君发表《六书古义》一文（《“国立中央研究院”历史语言研究所集刊》第十本一——二十二页），调保氏的六书九数，即汉世小学里的“六甲九九”。他并说，“刘歆发得周官，本可援内则”【内则：“九年，教之数日。”郑玄注：“朔望与六甲也。”】及汉时小学之制以说之。而创立象形、象事、象意、象声、转注、假借六名者，盖欲托古改制以提高小学课程，以利古学之推行。又说，“刘歆创立六书，使说字之术有统记，实为一大进步。其立象形、象事、象意、象声、四名，即本于易象。……郑众许慎六书之名，改定刘说，实为进步，而取法于易象之意渐泯，仅存一象形而已。”

张君这个说法，大致是很对的。但他以“象形——假借”的六书系统为刘歆所创，则实不妥。六书的名目为刘歆所创，难道“方田，粟米，……”的九数名目亦为刘歆所创的么？我以为西汉一代，虽以六经当六艺，但书数二学，仍世益专精。郑司农六书的说法，不妨本于刘歆，但六书的名目，则未必由刘歆创立。说文序云，“孝平时，征爰礼等百余人，【艺文志以为“天下通小学者”】今说文字未央廷中；以礼为小学元士。黄门侍郎扬雄采以作训纂篇。”我们现在虽然不能知道这一百多人在未央廷中讲些什么，但他们的说法为杨雄所采，则必是很有见解的。刘歆的“总群书而奏其七略”，和这全国小学家大会相去至多必不过十年；若歆私自创立六书的名目以说文字，这班通小学的人里面，定有出来指摘他的。

六书的说法，当亦是渐渐演变而来的；象形、指事、会意、谐声四书，显然和转注假借二书不同来源。如果刘歆是真的创立六书名目的人，那不过是把当世小学家对于文字结构和文字用法的说法会集在一起罢了。我不是说刘歆的聪明不能发明六书，但要责备一个人发明六书和九数，实为不近人情的事。

若我们现在仍以“象形——假借”为保氏教国子的六书，那又未免太固陋了！

三、关于文字的问题

我国文字的形体，从甲骨金石所刻画以至现在所行用的，大部分已全失去本来的面目了。

二十年前，胡适之先生讲到我国固有文化的时候说道，“我是研究历史的人，也是个有血气的中国人，当然也时常想寻出我们这个民族的固有文化的优长之处。……依我的意见，我们的固有文化有三点是可以在世界上占数一数二的地位的。第一是我们语言的文法是全世界最容易最合理的。第二是我们的社会组织……比较的是很平等的，很平民化的。第三是……宗教迷信的比较薄弱，也可算是世界希有的。然而这三项都夹杂着不少的有害的成分，都不是纯粹的长处。文法是最合理的简易的，可是文字的形体太繁杂，太不合理了。……”（《胡适文存》第四集页四七六，台北远东图书公司版。）

胡先生对于我国语言和文字的见解，我以为是很平允的。因为我们文字形体的繁杂，我们花费于学字写字的时间太多了。这是我们现在所应当想法打破的难关。我们的先民没有想到拼音的方法，自然是有理由的；数千年来，我们民族的团结，我们的文字似亦有相当的功劳。不过这些都是过去的事情了。照我们现在语言的趋势讲，拼音的文字并不是绝对的不可用。

但文字的改革，并不是可以轻易做成功的。试看英国于五十年前便有人提议改良现行的英字拼法了；但结果还没有实行。英字拼法的改良，字形上变更很少，而且是有很容易看出的好处的。这种事情还要逢到反对，则我们的采用拼音文字自必难上万倍。

我现在可以作一预言。如果我们民族要永远使用我们的语言，则我们的文字终须有改为拼音的一天。是否即采用三十多年前赵元任先生所拟制的国语罗马字（一九二八年由大学院公布），或另行新制更合理更便用的拼音文字，则须由国家文教机关召集专家审慎详议后再作决定。我颇希望元任先生能贡献他的最新的意见。

中国文字的构造

我国文字原于图画，是显然的。篆文的日、月、山、水、耳、目、鱼、鸟、草、木等字，就是简单的图画。图画当然只能描写实物。要把文字代表语言，图画的方法是不够用的；因为语言里边除却实物的名字以外，还有许多别的名字。所以就大概言，我国最早的文字，应为象形字，但不久便应该有象事象意的文字了。

象事象意的文字，虽然不能算作图画，可以说是从扩充图画的方法而来的。不过人文日启，人事日繁，这些象形、象事、象意的文字，究竟难以应付民生日用。“穷则变；变则通。”于是乎我们有象声的文字。象声文字，是我国文字发达的一大步骤。有了象声的方法，我们的先哲制造文字时便没有多大艰难了。

这象形、象事、象意、象声四目，是我们文字的四种构造方法。但从汉代以来，我国的文字学家多言“六书”。

《汉书》艺文志：“古者，八岁人小学：故周官保氏掌养国子，教之六书，谓象形、象事、象意、象声、转注、假借，造字之本也。（“造字之本”一语不妥；说详篇末。”）

周礼地官：“保氏掌谏王恶而养国子以道。乃教之六艺：一曰五礼，二曰六乐，三曰五射，四曰五驭，五曰六书，六曰九数。”郑众曰：“六书，象形、会意、转注、处事、假借、谐声也。”

许慎说文解字叙：“周礼：八岁入小学；保氏教国子先以六书。一曰指事：指事者，视而可识，察而见意；上下是也。二曰象形：象形者，画成其物，随体诘诎；日月是也。三曰形声：形声者，以事为名，取譬相成；江河是也。四曰会意：会意者，比类合谊，以见指撝；武信是也。五曰转注：转注者，建类一首，同意相受；考老是也。六曰假借：假借者，本无其字，依声托事；今长是也。”

近代我国文字学家，多以为六书的次第，应以《艺文志》为定；六书的名称，则应以许慎所述的为当。我现在依这个习惯，将六书作一简单的说明。懂得六书的大意，便可略知我们文字的结构和应用了。

一

象形——许氏“画成其物、随体诘诎”的话，可以说是象形文最适当的定义。

日、月、山、水、耳、目、鱼、鸟等，是“纯象形”文。雷、岳、眉、齿、要、胃、果、金等，则为附有表义表声部分的象形文。

在籀文篆文或更古的文字里，象形文差不多是一见便看得出的。汉世通行隶书，到了晋代形成今隶（通称为楷书）；所谓象形文，便已名实不相符了。

从古篆变成今隶，使许多文字失去了制作的原意；这在象形文尤为显著。如日字篆文本象太阳的；今隶作“日”，则不像太阳，而且容易和曰字相混。月字篆文本象月缺的形状的；今隶作“月”，则不像月缺时的月，而且容易和偏旁的肉字相混。鸟乌本只有两足，今隶作“鳥”“烏”，则似有四足了。鱼字的今隶类于从火的字；水字则容易和木字相混。

二

指事——许氏曰，“指事者，视而可识，察而见意；上下是也。”象形文所代表的，是有实形的东西，所以可以“画成其物”；指事文所表明的，或为动作，或为位置，或为数目，或为形状，是很难用纯粹图画的方法来显示出来的。因此，指事文最多只是一种“意画”。

一画为“一”，两画为“二”、三画为“三”，是“视而可识”的；一直在一画的上边为上字，一直在一画的下边为下字，两相背为“八”，自环为“厶”（古私字），是“察而见意”的。这类的字，叫做纯体的指事文。“曰”为出气吐词，“甘”为口含甜物，“牟”为牛鸣，“芈”为羊鸣，“畺”为田界。这类的字，可以叫做复体指事文。

说文一书所记的九千三百余字中，一百二十余字是指事文，三百六十余字是象形文。（这个数目，是据朱骏声所说的；王筠则以为象形文只有二百六十多个。）

指事文大概都是表德和表业的（形容词和动词）；但亦有表实的（名

词）。上例中的畺字，即现在通用的疆字。疆界自是一个名词。又如：以一画识于“木”上为“末”，以一画识于“木”下为“本”。“本”“末”是指事文，亦都是名词。（象形文应当全是名词，但朱骏声所列的象形文，亦有几个是动词。）

三

会意——许氏曰：“会意者，比类合谊，以见指为；武信是也。”许氏以为会意字是合两种（或两种以上的）意义以表明一种意义的。他举“武”“信”两字为例。武字从止从戈。楚庄王曰：“夫文，止戈为武。”（见春秋左氏传宜宣公十二年。）最初造字者的元意，我们固然难以知道；许氏引用楚庄王的话以说明“武”为会意字，可以说是我国文化史中一件有趣味的事情。信字从人从言，许氏以为人言是应当有信的，所以“人”“言”相合而“信”意便见。

会意字亦是很自然的发展。我们如果以指事文为“意画”，则会意字亦可以看作意画的扩充。如：日在木上为“杲”，日在木下为“杳”，水在皿上为“益”，雨在屋下为“漏”，肉在火上为“炙”，泉出厂下为“原”，持肉享神为“祭”，臼水临皿为“盥”，两手持玉为“弄”，持杵临臼为“舂”，持一隹为“只”，持两隹为“双”。这类的会意字，是近于“意画”的。

但大多数的会意字，并没有图画的性质。推十合一为“士”，士口为“吉”，力田为“男”，女持帚为“妇”，分贝（财）为“贫”，少力为“劣”。这类的会意字，是纯由“比类合谊”以显出意思的。

会意和指事不同。一个会意字的各部分，都成为一个文字的；一个指事文中，则必有一部分不成文字的。用这个原则为标准，则以前文字学家所以为会意字的，有些实在是指事文。如：“日见一上”为“旦”，王筠以为会意字。说文固明言“一，地也”。但以“一”作地，只是造字时一种“意画”的方法，旦字下边的一画，并不是一个大家所公认的地字或表明地平意义的文字。所以旦字只能算是指事文而不是会意字。亘字，王筠亦以为会意字：舟的两头抵岸，是“竟”的意思。但亘字的上下两画，并不是公认的岸字，所以这个字亦只能算是指事文。爨字很像一个会意字：下为两手推林（薪）纳火入灶口，上为两手持甑。但爨字里表明甑的部分和表明灶的部分，都没有成为文字。所以严格讲起来，这个字还只是一个指事文。

说文所录的会意字，朱骏声以为有一千一百六十七个，王筠则以为有一千二百六十个。

四

形声——形声，郑众名为谐声。谐声似乎是一个较好的名字。许氏曰："形声者，以事为名，取譬相成；江河是也。""以事为名"，指形声字表义的部分；"取譬相成"，指形声字表声的部分。如：凡关于水的字，皆下一个"水旁"（所谓"义旁"）；这就是"以事为名"。这个字的声音是和"工"或"可"相同的，使用"工"或"可"加在水旁以凑成一个江字或河字；这就是"取譬相成"。（譬字疑当作声字。）江字的"工"和河字的"可"，都是所谓"声旁"。（现在江字和工字的声音是不同的；河字和可字的声音亦是不同的。但造字的时候，"江"和"工"，"河"和"可"，都应是同音的，至少是有极近似的音的。）

说文收字九千三百五十三个，里面约有七千七百个是形声字。这些形声字的意旁和声旁，差不多全是象形、指事和会意三类的字。汉代以后，我们的文字日以繁多，但所增加的字，除极少数外，全是形声字。所以我们如果认得一千六百多个象形、指事、会意字，则非特说文里面的形声字容易认识，即后世新造的字亦容易认识。（后世的新字，固然有不合六书的，但这种究竟很少。）

贾公彦周礼地官保氏疏云："书有六体，形声实多。若江河之类，是左形右声；鸠鸽之类，是右形左声；草藻之类，是上形下声；婆娑之类，是上声下形；圃国之类，是外形内声；问衡之类，是内形外声。此形声之等六也。"（段玉裁说文解字注云，"形声即象声也。其字半主义半主声。半主义者，取其义而形之；半主声者，取其声而形之。不言义者，不待言也。得其声之近似，故日象声，日形声。"按：段氏以为"形声"的"形"，意思和"象"相同，贾公彦则以为形声字一部分主形、一部分主声，所以名为"形声"。段氏的说法似较好。"）

当造字的时候，形声字应和它的声旁为同音的。到了现在，则大部分的形声字都不是和声旁为同音的。但就古音言，则形声字差不多都是和声旁为同韵的。广韵工字在"一东"，江字在"四江"；但依周秦人所用的韵，则"工""江"为同韵字。

有几个形声字就是用古音来讲亦不能说是和声音为同音的。如：哀从衣声，敏从每声，存从才声。这种情形，从来文字学家有以"古合音"来解释的，有以双声来解释的，有以造字人的方音来解释的。我们如果不以这些解释为尽善，很可以把这几个字暂时列入阙疑的一类。

有少数形声字所用的声旁，因文字结体的关系，很不容易为人所察识。如：岁从戌声，羲从义声，曼从冒声，韦从口声，彦从厂声，问（闻同）从门声，佞从仁声，虽从唯声，赖从刺声，徒从土声，徙从止声等等。

有一部分形声字则因隶变关系而声旁难以察识的。如：帝（责同）从朿声，在（在同）从才声，尚从向声，千从人声，书从者声，寺从之声，更从丙声，台（矣同）从以声，隆从降声，良从亡声，那从冉声，年从千声，黍从雨声，布从父声，考从老声，急从及声，失从乙声，贼从则声，截从雀声，尤从又声等等。

此外还有所谓“省声”的字，亦不是容易识的。如：珊从删省声，（意为“珊字的声旁册”，乃删字的省。下同。）余从舍省声，牢从劳省声，融从虫省声，度从庶省声，夜从亦省声，产从彦省声，衬（酎同）从肘省声，熊从炎省声，恬从甜省声等等。

我国关于文字形体的学说，以许氏《说文解字》为最先。但许氏去造字时，至少有一千多年；他的说解，那能尽合最初造字人的本意！他所说的省声字里面，有我们所难轻易相信的。如：家从豭省声，哭从狱省声，羔从照省声，皮从为省声，受从舟省声。像这类的字，怎样能够叫人看出所用的声旁是什么字的省体呢！

《说文解字》里，约有三百个字是可以看作会意兼形声字的。如：政字可以解作“从攴正”，亦可以解作“从攴正声”。胖字可以解作“从肉从半”，亦可解作“从肉半声”。“坪，平也。从土从平，平亦声。”

在一个“会意兼形声”的字中，声旁原亦是主要的义旁。如：政字的意义本原于“正”。最初可能只用“正”字以代表“政”义；后来为区别起见，而政是需要力的，所以加一攴为另一义旁。政字已有攴字为义旁，我们自亦可把“正”看作声旁。坪字的意义本起于“平”。最初当只用“平”以代表“坪”义；后来为区别起见，而坪是指地而言，乃加一土旁。“平”和“土”都为坪字的义旁；但从我们现在讲，自亦可把“平”看作声旁。

五

转注——说文叙曰：“转注者，建类一首，同意相受；考老是也。”许氏虽有这个转注的定义，但自汉以后，说者纷纭，没有定论。

我以为自来关于转注的说法，应以朱骏声的为最有意义。他说：“造书时先有象形，后有指事，谓之文；复取象形指事合而成书，谓之字（指会意）。而又不足于用也，乃又取象形、指事、会意、三书之声以配形，错综参伍，互相为用，亦成一书（指形声）。造字之法备矣，蔑以加矣。而所以用此四书者，更有转注以通意之穷，假借以究声之变；而文字之用乃绰然有余。故合之为六。转者，转移迁徙之谓；注者，挹彼注兹之谓。许君当曰：'转注者，体不改造，引意相受；令长是也。'"

朱氏又曰："凡一意之贯注，因其可通而通之为转注。……就本字本训而因以展转引申为他训者曰转注。"他用许氏假借的例——令，长——为转注的例。令的本义为发号，长的本义为久远。由"发号""久远"的意思引申展转而有县令县长的意义。语言和文字这种引申展转的流变，许氏以为假借，朱氏则以为转注。

我们更举一个较易懂的例。譬如："日"本太阳的名字；但因太阳每天从东边上升一次，所以人们又把一昼夜叫作一日；又因我们白天可以见太阳而夜间则不能见太阳，所以"日"和"夜"便成为对举的名字。我们的语言已有这样的流变，我们的"日"字自亦可用于这三种不同的意义。

上文我讲到"会意兼形声"的文字时，我曾指出：最初人们亦可能用"正"字以赅"政"义，用"平"字以赅"坪"义；后来乃加"攴"加"土"而成"政""坪"两字。用"正""平"两字用于"政""坪"两义，即是文字的转注。

六

假借——说文叙曰："假借者，本无其字，依声托事；令长是也。"朱骏声以为许君当曰："假借者，本无其意，依声托字；朋来是也。"朱氏以为令长二字的用法为转注，朋来二字的用法乃为假借。朋本凤字的古文，乃神鸟的名字。后来用为朋党字。乃是因为声音相同而假为倗（辅也）字的。来本为"来麰"（瑞麦）的来；因同声（？）而借为麦字。（朱氏以为麦字"本训当为往来之来。"）

已经有了文字以后，一新词出来的时候，自然需要有一新字以代表这个新词。在没有公认的新字以前，必有人假用和这个新词声音相同，或极相近似的原有文字以代表这个新词。如用党（不鲜）为倗 挡的挡，用省（省视）为减渻的渻，用专（六寸薄）为嫥壹的嫥是。古人最初用党、省、专三字的时候，当还没有挡、湝、姱三字；后为区别起见，乃有挡、湝、姱三字。这是先有假借字而后有“正字”的例。这种正字的出生，是形声字所以日多的缘故。

经传中用氣字为气字，用陶字为匋字，用草字为艸字——这种假借的用法，便和刚才所说的不同了。因为没有气、匋、艸三字的时候，必不会有氣、陶、草三字的。我们固然亦可以把古人用氣、陶、草三字以代替气、匋、艸三字当作写错字；但因为古代的经典差不多都是这样“错”的，我们亦只好说古人用字亦有通融的时候了。

至于经典上常见的另一种通假，如用爰为车辕的辕，用洒为灑扫之灑，用斜（抒也）为衺正的衺，用和（唱和）为调龢的龢，我们已难定爰、洒、斜、和四字和辕、灑、衺、龢四字的先后，自难定这些用法是否本为依声托事的假借，或为书写偶然的通融。无论怎样，我们亦只得把这类的用法看作假借。

“依声托事”的假借，有永远没有正字的。一部分的代名词（予、尔、汝、他等），助语词（之、其、然、也、夫等），形况词（率尔、皤然、关关、密勿、相羊等），和所谓“托名标帜”字（如岁阳、岁名、月阳、月名、以及后世一切译音的名字等等），都是这类的字。

假借纯以声为主。如推广这个用法，则凡相同的声音都可用一字来代表。这自然是我国文字的一大进步。但我国古代语言大体上乃单音节的。说话的时候，有词气、颜色、手势等的帮助，听者或还可不至于误解。仅代表语音的文字，则很容易犯了混淆的弊病，因为这个缘故，我国文字的发展，只到形声为止，没有进到拼音的阶段。

因为我们的文字不是拼音的，所以自汉代以来，在这个广大的国土里面，我们的语音虽然随时代而变，方言又极繁杂，但字形并没有多大的更改。这件事情，在交通和教育没有发达的时候，有助于我们民族互相了解的地方很多。

以上是“六书”的大意。六书须分为体（象形、指事、会意、形声四书）和用(转注、假借二书)，是很明白的道理。有些学者误于《汉书》艺文志“造字之本”一语，以为转注和假借亦是造字的方法，如章太炎先生且因之以造出一篇极美丽的“转注假借说”。那种高深的意思，非特保氏不能以教国子，亦是普通研究文字的人所难理会的。所以我们现在还是遵守朱骏声的说法。（转注即“引申”的说法；章先生在壮岁时亦以为是最通达的。）

在这里我要讲几句最要紧的话。六书的分别和则例，对初事文字学的人颇有些用处。但要精通文字学，不外乎多识古字古言；从前学者对于六书那些琐碎的分辩，实在没有什么用处！

最后我将几本关于中国文字学的书开列如下：一、王筠的《文字蒙求》台北艺文印书馆出版。（这是一部极便初学的书。）二、段玉裁的《说文解字注》台北艺文印书馆出版。（这书初学不易读）。但《说文解字》（简称“说文”为研究中国文字学的基本书，而段氏的“说文注”则为“说文”最好的注解。）三、朱骏声的《说文通训定声》台北世界书局出版。（这部书讲中国文字转注和假借的用法最好。读周汉古书时，应有这部书以备参考。）当然，这些书都是百余年前出版的，都需要后出的较好的学说来补正。

大学语文学系和文学家的关系

好几年来，当在报纸或杂志上看见关心文学的人，对大学里的语文学系（如中国文学系或外国文学系等）的课程发生疑问或批评。最近还有一个朋友把香港报纸上报导这件事情的记载剪下来寄给我。

这个问题，并不是三言两语所能说得清楚的。但对于关心文学的人士，我有一个普遍的印象，就是：他们对大学语文学系的目的，似乎不大十分清楚；同时，他们对于培养文学家的事情，似乎太过于依赖大学了。

我现在且根据现行的大学课程先把大学中语文学系的目的讲一讲。因为我是厕身中国语文学系的，所以对中国语文学系的情形引用得多一点。

中国语文学系，实际上可以分两组：一是中国语学组；一是中国文学组。语学组以造就精通中国语言的沿革和明晓中国语言的特征的人为目的；文学组则以造就精通中国历代文学沿革和各种文学体式的人为目的。（实在，初级的中国文字学，中国语音学和普通中国文学史，是全系必修的，但较高深的科目，如中国语音学专题研究或中国文学史专题研究，则是要专治的才选修的。）

这可以说是两个学问的部门。但从这两个学问的部门里，你希望产出一个纯粹的文学家来，并不是十分合理的事情。

当然，话还得分开说。我们固然不能希望一个研究中国语言学的人做一个文学家；但我们如果希望一个研究中国文学史的人做一个文学家，似乎并不是过分的。不过严格讲起来，文学史家和文学家还不一定是一个人可以兼做的。文学史家到底只能算是一个“学者”，而一个文学家则应是一个“创作者”。一个文学史家的根柢，大部分全在学问的功夫，而一个文学家的根柢，则大部分是他的天才，如果一个用功做学问的人有创作的天才，他自然可以写出有价值的文学作品。（这里的“文学作品”，专指诗歌、戏曲、小说三类。至于一个文学史家能够写出一本很可读的文学史，那是在意料中的。这种文学史有时固然亦有文学的价值，但不在纯粹文学范围内。）如果他没有创作的天才，你要希望他生产好的文学作品，那是很难的。

在文学史家和文学家中间，有文学批评家。文学批评家和文学史家乃是很相近的。一个文学史家如果没有批评文学的识见，决不能成为一个好的文学史家；一个文学批评家如果对于一个作家或一种作品和时代的关系不大清楚，那亦是不能成为一个好的批评家的。但文学批评家对于文学家比起文学史家对于文学家，比较要近一点。我这里可以用三个现成的字作为各家的重点所在。文学史家最需要“学”；文学批评家最需要“识”；文学家则最需要“才”。当然，我这里只说“最需要”，并不是说文学史家并不需要才识，或文学家便不需要学识了。事实上，做一个文学批评家，才、学、识三样都要有相当的分量才好。因此，文学批评的作品要比文学史近于纯粹文学一点。

照大学课程说，关于文学批评的科目，可以说是和造就一个文学的工作最为接近的。我们试举一个简单的例。设使中国文学系开一门“杜诗批评”的功课，则讲的人当然要讲到杜甫作诗的技术，杜甫的长处或短处。这些技术问题，利病问题的讨论，对于一个将来的文学家都应当有很大的实用的。但“梓匠轮舆，能与人规矩，不能使人巧。”一班三十个人同听一位老师讲这门功课：到了离开学校时，他们如果讲述这门功课，成绩或许差不多；但他们如果把所听到的应用在自己的写作上，成绩就大不相同了。非特这样；我刚在引用孟子的话，只有一半适合。一个在大学里讲“杜诗批评”还算过得去的人，自己未必就是做诗的“匠”。他或许能做一首平仄很稳、用典很切的诗，但若他根本没有做一个诗人的才质，他的诗亦决不会有什么文学的价值的。

以上说的，是大学语文学系不能产出文学家的缘故。话虽这样，一个人如果能够在大学里受到文学、文法、文学史、文学批评等科目的训练，他如果有相当的文学天才，这些科目对于他的效用是很大的。我们可以设想：莎士比亚如果有密尔敦的学问，则他的作品或许更精致一点，更洁净一点。（自然亦有人以为蒸溜水是没有味道的！）

至于一个文学家不一定要从大学出身，是不用讲的。莎士比亚便是一个最明显的例子。十九世纪的狄根司亦是一个好例子。在这一点，文学和科学似乎不同。成功的科学家，差不多都是曾经受过大学教育的；成功的文学家，则很多是没有进过大学的。在十九世纪里，我们还可以找出没受过很多的教育而从自己造就的大科学家；（如英国的法拉第是一个最著名的例！）二十世纪以后便很难有这样的人了。但是没有受过大学教育的文学家，过去很多，将来也会很多的。（甚至于更多亦未可知！）我说这话，不是低估大学教育对文学家的功用，更不是以为文学家是容易做的。我只是纯粹就文学家的性质和大学的课程而推论的。我在上段里曾提到大学教育对于一位有文学天才的人的益处，这和我现在的话是不相冲突的。照我的意思，对于一个有志成为文学家的青年，得有机会受到些大学教育，当然是一件好事，但不是必定要有的事。

大学教育，经典和文化

三百多年以前，英国诗人密尔登（Milton）以为“一种完全而丰富的教育，应该是使人在公私的职务上，无论平时或战时，都能够表现公正、干练、高洁的行为的。”（Tractate of Edu-caticn,1644）

一百多年以前，英国的红衣主教牛满（Newman）曾说，“如果要为大学课程规定一个实用的目的，那我就说，大学课程是替社会训练出好分子的。”（Scope and Nature of University Educaticn; Discourse 6.1852.）

十年以前，英国牛津大学副校长立芬斯董（Livingst one）讲到大学教育时曾说，“教育最重要的职务是叫人亲切地看到一切问题当中最大的问题——人生问题，并且在这个问题上给他一些指导。国家和个人，最后都是以他们所崇奉的价值和标准而被判定的。柏拉图（Plato）说，‘所有学问中最高贵的是研究应该怎样做一个人和应该做怎样生活。’这种学问，必须在每一种教育和每一个大学里占一些地位。”（Some Thoughts on University Educaticn.1948。）

这三位的意见，我都以为很对。问题只在用什么方法一个大学才能完成它对于这件事情——人生问题——所负的使命。立芬斯董颇称赞十余年前美国几个著名大学所推行的“普通教育”（General Educatior），亦译“通才教育”的计划。这个计划主张一个受大学教育的人，必须明了社会和政治的主要问题，必须知道现代自然科学的性质和威力，又必须学得一些给与人类生存以意义和价值的“精神力量”。

立芬斯董和“普通教育”计划者有差不多相同的主张；他们都要藉阅读文学和史学的经典以培养这种精神力量。不过立芬斯董于文史以外，又主张一个大学学生须有哲学和宗教的功课。他以为文、史固然可以发扬精神力量，但能够以宗教或哲学直接做这个任务更好。（立芬斯董引用托尔斯泰的宗教定义："真正的宗教，是人类依据理性和知识所设立的人类对人类周围无限生命的关系，这个关系，是规定人类的行为的。"）

我以为阅读古来圣哲的著作，对于一个人的心志，时常有启发和兴感的作用。即就台大而言，从一九四九年度起，大一国文课程采用《孟子》为读本，亦是本着这个意思而来的。（从上年度起，因为近来高中所用的《中国文化基本教材》中《孟子》的大部分已被选入了，所以台大大一的国文课程便以《左传》代替《孟子》。）当初所以选用《孟子》，并不是叫学生学"孟子文法"，乃是要叫学生知道我国古代一位哲人立身行己的功夫和对于社会和政治的见解是怎样的。因为学生有了这种知识以后，便很容易会引起他自己立身行己的问题，以及他对于现代社会和政治的问题；如果有了这些问题，他也许会进一步想法解决。这是求学问的一种途径。

非特对于中国经典这样，对于西方经典亦当这样。譬如读柏拉图的《共和国》，我们的目的并不是要从柏拉图这部书里学得我们国家所应具的制度，乃是要知道，一个希腊哲人对于"什么是善？""为什么人们应当从善？""在怎样一个国家里我们最可以得到善的生活？"等等问题的态度和想法。这样一个人对于这些问题的态度，自可以引起我们对于这种问题的思辨。

但我对于现在一班以读中国古书来保存中国古代文化的人的意见则不敢完全赞同。我试把我对于读古代经典的意思简单地写出来。

我们对于我国古代的文化，无论是好的是坏的，都想知道得清楚。这是人类爱好历史的一种习惯。就从历史的功效言，这亦可以说是一种好习惯。但这只是我们要明了我国古代的文化，并不是我们要"保存"我国古代的文化。当然，我们古代好的生活习惯，适合于现代的，我们自然应该"仍旧"；至于那些坏的，我们以"先去为快"，那有"保存"的道理！

我们读古代圣哲的书籍，并不是只有一个目的。有些人把它们当历史材料读；有些把它们当启发心志的文学读。当历史材料读，自然应用考订历史的方法；我们这里不能详说。当启发心志或培养精神力量的文学读，我们的目的自然在益智或畜德上面。但就是有了这个目的，我们亦不可把古代哲人的话，一字一句都当作我们行为的规律。无论什么圣经贤传，我们都应当用慎思明辨的功夫去评论。因为这个缘故，我极端反对把读经来当"修身"科；亦因为这个缘故，我亦反对中小学读经，因为中小学生生活经验不多，思辨力还没有十分成熟，对于古人关于人生问题的话，有许多简直不能了解，还谈得上评论么！

受大学教育的一个目的，在知道什么是“好生活”，怎样去实行好生活。要知道这些事情，真正的根柢学问还是现代科学（如生物学、心理学、伦理学、经济学、社会学、人类文化史等等）。我们从古代圣哲著作里找启发，有时虽然有效验，但并不是唯一的方法。况且对于这种启发，我们仍须用现代科学为思辨的标准的。

创造适合时代的新文化，是我们这一代人应有的事情。什么是适合时代的新文化呢？只有现代科学才能正确地回答这个问题。古代留存下来的文化，哪些是我们现在应该接受的？对于这个问题，我们亦只能依着现代科学来解决。科学一天一天的进步，我们的生活方式应该随时宜而改变。我们应该以公平、正直、高洁为我们行为的标准，不过这些观念亦是随着科学的进步而日以正确的。

明白这个道理，我们便可以用古圣哲的书籍来辅助我们的大学教育。

进大学国文系的旨趣

一个大学生进了一个学系，似乎应当知道为什么要进这个学系了。但我知道曾有许多学生进了一个学系而对于为什么要进这个学系仍是茫然的。这当然是值得注意的事情。

我们很容易想到，大部分的大学生，都有一个将来职业的问题横亘在胸中。使一个学生能够胜任他（或她）的职业，乃是大学教育的一个目的；但不是它的唯一的目的。简单说起来，大学教育，要使学生知道怎样过一个好生活。所谓生活，有物质方面的，亦有精神方面的。一个人的职业，照大多数的人讲，关于物质方面的生活多，关于精神方面的生活少。（当然，对于一部分人，职业亦可说是一个人的精神生活所寄托的。）

我现在要提出我自己所想到的，一个青年进大学中文学系所应有的旨趣，以备青年学子的参考。有许多话，是无论进哪一个学系的人都可以作为参考的。

我先讲讲学系的选择。我以为一个大学生自然应当把从事一种职业的技能作为求学的一个目标。因此，一个人进的学系，和将来所要从事的职业是有关系的。一个人最理想的职业，就是可以供他（或她）做最喜欢做的事情的；一个大学生最理想的学系，就是对于预备这种职业有最大的帮助的。

不用说，一个青年学子所进的学系，必须适合于他（或她）的资质的。在这一点上，他（或她）若能仔细请教于师长，或可得到益处。一个人进了不合自己资质的学系，是很难有成就的。

照我的意思，一个青年学子可以因为下列四种旨趣的任何一种而进中文学系。

（一）通晓我国语言文字的用法。照理说，每个高中毕业生，都应该可以通晓本国语言文字的用法了。但事实却不是这样。严格讲起来，很少的高中毕业生能够写出一篇几百字长的文章而没有毛病的。我这话，每年大学招生时看国文卷子的先生们都可以证明。我们所需要的本国文字，是“文从、字顺”意义明白的篇章。这非特高中毕业生不能够个个做到，即报章杂志的主笔，以及职业的写作者，亦很难个个十分完善的做到。所以凡打算把自己的语言文字使用得妥当的人，都有进中文学系专修的必要。要把本国的语言文字使用得妥当，似是一个受教育的人所应有的愿望。若为达到这个愿望而进中文学系，乃是一件应该的事情。

（二）熟习思辨的方法。思辨的方法，似乎是逻辑学的事情。但思辨方法的熟习，必须藉语言文字以进行。我们知道，要文字清通，应该学一点逻辑；而学逻辑的工具，以语言为最重要。一个人有明晰的思想，又能够用正当的文字清清楚楚地写出来，是一种很高贵的生活技能，可以使他（或她）时常得到精神上的愉快。所以为要熟习思辨的方法而进国文系，亦是一件很合理的事情。

（三）练习阅读古书的技能。阅读古书，可以多识先哲的嘉言懿行，可以通知古人的思想和古代社会的情状：这对于我们的道德和知识的帮助是很大的。但古书所用的文字，不尽和我们现在所用的相同。我们要读通古书，我们须略通训诂学和音韵学。这两种功课，都设在中文学系。只要用心学习，则毕业的时候便能“略通”而可以应用了。

（四）预备做一个较好的写作家。一个写作家，并不一定从大学文学系里造就出来。古来有许多大文学家，根本就没有进过大学。但我想，若两个写作家才性完全相同；一个有机会得进大学文学系，一个没有这样的机会。那么，有机会进大学文学系的，成就必较大。因为学过写作义法和没有学过写作义法的人，在才性的发展中，前者必比后者为优。但世俗有许多人以为中文学系出来的人便是一个文学家，那是一个错误的见解。中文学系，目的在使人的文字更写得清通一点，使人的思辨力更长进一点，使人对于古书多懂得一点，使一个有文学天才的人成为一个更伟大的文学家。一个中文学系每年可以出若干文学家，但不是每一个中文学系的毕业生都是文学家。

在一个社会里，文学家固然很重要，但思辨力优越的人或许更为重要。我这话并不是说文学家便没有思辨力了！文学家所重的是心情，而思想家所重的是头脑。对于社会，各有各的妙用。若从人类生存的总账讲，则一个清楚的头脑似乎更高于一切。当然，有许多大文学家，亦是头脑最清楚的人！

普通讲起来，我所揭出的中文系的四种旨趣，可以说是无分高低的。依我个人的意见，我却愿意照我所排的次序作为任务的先后。我以为一个中文系最重要的事情，莫过于使学子能够说得清楚的话，写得明晰的文字。这第一步能够做到，第二步亦就做成一大半了。第二步有相当的成就，教书或著书的技术上就有把握了。

最后，我还有几点意见要向青年学子讲的：

第一，无论写什么文字，必须用白话；只有用白话，才能写出真正好的文字，真正美丽的文字。我不反对中文系的学生用文言文学作古代各种文体；但这最多只能算是一种作文的练习。至于六十岁以上的人，写不好白话文的，我们只得由他。

第二，无论写什么文字，只要是需要句读的，必须加上新式标点符号。新式标点符号对于帮助我们表达意思的功用很大。无论学哪一种学科的人，务必养成使用标点符号的习惯。

第三，我们学了那么多年的国文，如果还写得不好，那是对不起自己的。我们可以向师长请教，可以向同学请教，亦可以向兄弟姐妹请教。先学会说通顺的话，再用文字把说话一句一句地写出来：这是我们最重要的生活技能。说最容易听得懂的话，用最普通的文字写出：这是做“好文章”的秘诀。“勤学好问”；“肯用心”：是做一切学问的秘诀。

第四，写得好通顺的白话文以后，便可以致力于学一种外国语了。一种通行的外国语（最好是英语），非特对于学科学的人重要，对于学中国文学的人亦极为重要。我相信，本国文学通以后，半年一载的努力，便可以学通一种外国语了。

谈青年的苦闷

我常常听到很聪慧的青年向我诉说青年的苦闷。十多年前，我曾经写过一篇文章，叫做“老年的苦闷”；以为青年人不应当有苦闷，只有老年人才有苦闷。到现在我还是这个想法。老年人才会觉得要做一个好人是不容易的事情，老年人才会觉得要见到世界太平是不容易的事情。“凤鸟不至；河不出图：吾已矣夫！”这是真正的苦闷。青年人富于春秋；世界上有许多应当做的事，青年人都可以有机会去做。他只要充实自己的知识，立志做好人，努力做好事，便可以时时刻刻有快乐的心境，而一个光明灿烂的世界亦常呈现于他的面前。所以一个正当的青年，万不应该感到苦闷的。

但我并不是一个不顾青年人心理而专断的老年人；我也知道青年人，实在会觉到有许多苦闷的。但仔细一想，这些苦闷，究竟不是不可以解释开的。所以现在要谈一谈青年的苦闷。

许多知识青年最大的苦闷是对现实的不满意。这种苦闷，是最值得同情的。我想，无论哪一个有思想的人，都应当对现实不满意。凡对现实无条件满意的，都可以说是不用脑筋的人。我们对一个不好的世界自然不满意；就是对一个较好的世界亦应该不满意。知识是没有止境的；善行亦是没有止境的。一个好的世界，何尝不可以变得更好！况且世界上熙熙攘攘的，大部分都是中庸的人。这些中庸的人干出来的事情，有几件会叫真正有思想的人满意呢！青年人的思想，一往直前，更容易发生对现实的不满。为什么贪官污吏会那么多呢？为什么有些有势力的人会横行霸道呢？为什么有许多著名的坏人会得到可以滥用权力的地位呢？为什么……无论哪一天的日报，都有可以使一个青年人愤怒或忧虑的地方。这些疑问，这些愤怒和忧虑，都是一个青年人应当有的。要是青年人没有这种疑问和忧虑，那便是没有思想的青年人，便是没有出息的青年人。如果青年人没有思想，我们对于下一代的世界还有什么希望呢！

不过徒对现实不满意，虽然不能说是不正当，究竟是无补于事的。这个世界有种种不好的事情，我们自然应当不满。但不满以后，我们应当即把我们所不满的事情当作一个我们所应当研究的问题，所应当解决的问题。为后一代的青年除去可以使人不满意的原因，乃是这一代青年最正当的工作。这种工作，可能不是很舒服的，但工作的人，亦可以从工作上得到许多快慰。这好像一个医生诊治好一个病人，当然是麻烦的事情，但亦是可以快慰的事情。

就从这个比喻，我们可以更引起一个论点。做医生的人，固然不应希望世界上的人都生病；但若世界上没有病人，一个好的医生便不能施展他的本领了。世界上不好的事情，固然可以使青年人不满，但世界上有这种不好的事情，正是青年人表现美德的好机会。所以一个有志气的青年人对于现实不应该有不满的态度。世界是青年人创造的；不好的地方应当由青年人去修正。一个好的世界里固然有青年人表现美德的机会；一个次一点的世界里这种机会更多！若青年只知道对现实不满而不知道想法去解决问题，那亦和没有思想的青年人一样没有出息。

青年人还有一种极普通的苦闷，就是没有求学的自由。这几天“立法院”有许多委员联名请“教育部”设立夜间大学，以免许多高中毕业生失学。我想，这些“立委”心思固然好，但这件事未必即行得通。一个负责任的“教育部”长决不会随便叫一个大学添夜间部的；一个大学校长亦不会随便在他的大学里添加夜间部的。夜间部需要师资和经费。中学毕业生一年比一年多，国家固应多设大学，或在已有的大学里增加班数。但如师资和经费（包括图书仪器的设备）不充实，那是没有什么益处的。所以添办夜间大学班决不是一时所可做到的。

不过单从求知的立场讲，青年人求学的机会亦未尝不多。在笔者初读中学的时候，便听到年纪较大的同学说，“中、英、算三样是做学问的根柢。”五十多年来，这句话还是不错的。青年人有志求学，只要这三门功课好，升学当可以没有问题。照我的意思，中文方面，能够白话文写得通顺便可以了；若能够看以前史书（如《资治通鉴》）的更好。（专治国文的人自当别论。）英文为求现代高深学术最重要的工具，非特要读得懂写得通，并且要能说能听。所谓听懂，当然是指读大学程度的教科书而言；至于高深的文学书和哲学的著作，当然不是容易懂的。至于算学，是自然科学的根柢，重要自不待言。学文法学科的人，除初等算学以外，若能略通微积分和微分方程，亦可有很大的用处。如果这三种功课有这样的程度，即不能升学，亦不至于没有法子求得知识了。所以纯粹为知识的问题，也没有什么苦闷可言。（当然，进大学还有资格的意义，并且理工医农等科是难以在家自修的。）

无论进不进大学，无论学那哪一科，除了中、英、算以外，逻辑似乎是不得不一学的。学逻辑可以使我们减少论思的错误，又可以使我们不妄听不妄从。世俗的迷信，如求神问卜、看相算命等事，乃是应当深恶痛绝的。许多人以为这些是解除苦闷的事；实在这些是招致苦闷的事。青年人能够应用逻辑于日常生活上，便不会为这些迷信所惑了。

我的经验是：一个青年人，能够充实知识，可以驱逐自已的苦闷，亦可以解开别人的苦闷。

青年和守法的习惯

我们要宣扬守法的重要，是无论如何不会说得太过火的。一个国家或社会里，要是大部分的人民没有守法的精神，那个国家或社会便不能安定。这是的确而又的确的事理；我们不容丝毫加以怀疑的。

孟德斯鸠在他的《法意》第一章里便说："我们既生存在这个社会中，便应当遵守这个社会的法律。这是公理。"

我们如果要我们的国家成为一个文明的国家，要我们的社会成为一个文明的社会，我们的第一件事就是：要有守法的精神。若一个国家里，上自政府下至人民都没有守法的习惯，那个国家便算不得文明的国家。因为这个缘故，我们应以守法为一己的义务，应以守法为一己的光荣。

《论语》记孔子曰，"君子怀刑。"孔安国解释道："安于法也。"所谓"安于法"，就是"守法"的意思。孔子的学生子游做武城地方的 官。孔子问他有没有在那个地方遇见好人。子游回答道："有澹台灭明者，行不由径，……""行不由径"，乃是子游称赞这位好人——澹台灭明——的话；这是一句比喻，就是后世所谓"循规蹈矩"的意思，亦就是"严正的守法"的意思。这可见儒者虽然主张以礼义治天下，但是亦很尊重法律的。实在说，儒家所谓礼，便已包括了法；所谓义，便是守法。（后世法成一家，礼和法乃有别。）我们知道礼义在儒家教育中的地位，我们便可推测我国古圣贤怎样看重法这件事情了。

可惜到了现在，我们国家虽号称为"文明古国"，但衡以现代政治的理想标准，则全国上下守法的精神，实觉差得太多。我们国家所以不能安定，所以不能和西方文明的国家媲美，虽有种种缘故，但守法精神的缺乏，无疑的是一个最大的原因。我们现在要替国家争点气，非全国青年赶快养成守法的习惯不可！

一个国家里守法的精神，好像应自政府中人先作榜样；但我以为现在青年，有许多就是将来政府中人，所以我撇开政府中人不讲。守法当然是国民全体——男女老幼——的义务；但我以为守法的习惯，须从青年时代养成，所以我撇开老年人不讲。

青年人要养成守法的习惯，第一当知“恕”是人类社会行为中最基本的道德。从前孔子的学生子贡问孔子道，“有没有一个字我们一生可以依着它来做的？”孔子道，“这就是‘恕’字吧！我们自己所不愿意有的事情，我们切不可行到别人头上去。”我想，做人的道德，积极方面的“仁爱”，消极方面的“恕”，都可说是至高无上的。我们能够行得“恕”字，当然不会再做一切犯法的事情。因为犯法的事情，多少总要侵害到别人；而“恕”道是绝对不许我们侵害别人的。

我且举一件很明显的事情来说。譬如你在街上等公共汽车，而后来的人要抢在你前头上车，你当然不愿意。你如能够实行“恕”字，你上公共汽车的时候便永不会不依次序而争先上车了。（这实在用不到多少教育的。但你在排队等车的地方，往往可以见到有许多人虽然后到而强要乱次居前。这种人——有许多是衣服穿得很整齐的！可以“一言以蔽之”，就是“毫无教育”！毫无教育的人，当然不配做一个文明国家的国民。）更明显的例是盗窃：你不愿意人家偷你的或抢你的东西；你如果能行得“恕”字，当然亦不会去偷人家的或抢人家的东西了。

自由是人类所要求的。但在一个社会中，须大家识得“恕”字，自由才得有“自由”：你不愿意人家妨害你的自由，“恕”字便会叫你不要妨害人家的自由。“恕”在民主国家的重要，从这点便可想而知。

第二、一个高尚的人生观，亦是养成守法习惯的基础。这个道理很容易懂；一件事情便可以说明它。许多官吏的贪污，固然起于没有守法的精神；但最大的原因则由于他们并不知道贪污的可羞。他们从来没有听过“非其义也，非其道也，……一介不以取诸人”的古训，从来不知道什么是清白和廉洁。这样的人，你要希望他们不受利益的引诱，那是万分的艰难。他们如果从青年时代便知道清白廉洁的可悦，则见贪污的事情，自然会深恶痛绝。社会上有特殊势力的人，做平常人所不敢做的事情（如动辄打人等），享平常人所享不到的权利（如世俗所谓“揩公家油”等），完全是由于没有较高尚的人生观的缘故。

第三、须有好环境。环境包括家庭和朋友而言。家庭环境的好坏，影响当然很大。但家庭里边，父母生来便有；只有妻子（或丈夫）是选择而得的。总而言之，你如果要做一个奉公守法的人，你必须拣选一个能够奉公守法的妻子（或丈夫）。至于朋友，对你的行为影响或许比家庭更大。一个青年人所交的如果都是不守法律的人，那他自己亦便很难成为一个守法的人；社会上叫做十三太保或十三妹的，将来恐怕没有几个不是作奸犯科的人。青年人的父兄固然应该替子弟防备这等的坏朋友；青年人自己更应该小心！

至于不守法可以引起一己的不安全和不自由：那是粗浅的常识，当然用不到我来详细讲的。

总之，我们国家将来的命运，全寄在青年人身上。我们国家若不能渐渐走上法治的轨道，则我们国家恐怕便没有一个光明的将来；我们青年人若不从现在便养成守法的习惯，则我们国家恐怕走不上法治的轨道。

一个社会中的法律有不适宜的地方，这个社会中的分子当然得依合法的手续去修改它。一个青年，有养成守法习惯的意义，亦有养成修改法律所需要的智慧的义务。这是我们对于我们青年最大的希望！亦是我们对于我们这个“文明古国”最大的希望！

“立志做大事！”(节选)

一个青年人高中毕业以后而家庭环境能够让他（或她）进大专或大专毕业后而有机会出国求学，总是幸运的。我所谓“幸运”，不是指青年人因此而将来可以得到较好的职业较舒适的生活言，乃是指青年人因此而可以得着些较好的知识言。好的知识，非特有益于青年人自身，亦会大有益于社会的。

《文星》的编辑人要我在这个时候对青年人说几句话。我想，关于青年人升学或留学的话，已有许多人说过了。我要向青年人说的话，最重要的还是“青年人要立志做大事”。这似乎不是青年人应考时所适宜的话，但这个时候青年人能够想想这句话，亦有点用处。

我尝听见初中学生背诵孙中山先生劝青年人立志做大事的文章。劝青年人立志做大事当然是最正常的事情；但现在教初中国文的人把这篇文章叫学生背诵，似乎是一件教育上的“虐政”。（我的意思是：现在中学生功课太紧了。意思明朗、音韵和谐的好诗，还可偶然让学生背诵几首；普通散文，实在不应当轻易叫学生背诵！）不过教书的人，很可以引用中山先生这句格言，常常和学生讲些“立志做大事”的意义和方法。我现在这篇文字，将来似乎亦可以收入“立志做大事”的《文编》里边的。

我以为“大事”的“大”，不是指“分量”，乃是指“性质”。中山先生讲话时，因为要用“立志做大事”和“不要做大官”相对，所以便下了“大事”两字。实在，中山先生的意思只是要叫青年人预备将来实实在在做些有益于国家和社会的事情，不要一心一意做大官。他当时如果说青年人应该立志做“好事”，他的用字或许更适合于他的意思！但这样一来，他的话必会失去许多修辞上的力量；所以他便用了“大事”来对“大官”。我们读古来圣贤的书，有时应须具这样的一副“心眼”，才能得有真正的了解。

我今天的话虽然不提到大官，但还借用中山先生的原文：“立志做大事”：这不是因为修辞上的原因，乃是要对于一句人所熟知的格言阐明一点人所容易忽略的意义。

我们语言里面的“大”字，原来亦有专指“性质”方面的意思。周易乾卦爻词有“利见大人”的话。解释爻辞的人说，“夫大人者，与天地合其德，与日月合其明，与四时合其序，与鬼神合其吉凶；先天而天弗违，后天而逢天时。”这个“大人”，真够“大”了！但决不是指“身高丈六”的巨人讲的。孟子曰：“说大人，则藐之，勿视其巍巍然。”这个“大人”，虽有下文的“巍巍然”做形容词，亦不是指身躯高大言。

孟子几次说过分别“大人”、“小人”的话。他说：“养其小者为小人；养其大者为大人。”（赵岐注：“小，口腹也；大，心志也。”）他又说：“从其大体为大人；从其小体为小人。”（赵注：“大体，心思礼仪；小体，纵恣情态。”）这里的“从大体”的意思，用我们现在的话来讲，就是“依着理性而行”。依着理性而行的，不管他身躯的矮小，不管他地位的卑微，都是大人；依着一己的私意而行的，不管他怎样威武，不管他怎样尊贵，都是小人。（孟子自己申明“从大体”的意义说，“心之官则思。思，则得之；不思，则不得也。此天之所以与我者。”这里的“思则得之”，就是说，“我们善用逻辑的思维，便能屏除一切固执的私见，一切外物的诱惑。”孟子“从其大体为大人，从其小体为小人”的话，可以说就是孔子“君子喻于义，小人喻于利”的话的另一种说法。）

从孟子这个“大人”的定义，我们很容易制造一个比较有意义的“大事”的定义。“大事”当然不指分量广大众多而言。秦始皇的修筑万里长城，算不得什么大事；他的“振长策而御宇内，吞二周而亡诸侯，履至尊而制六合，执敲朴以鞭笞天下”，亦算不得什么大事。这都是“小事”！我心中希望青年人做的“大事”，便是孟子的“从其大体”的“大人”所要做的事。根本讲起来，这个“从其大体”——依着理性而行，自身就是一件“大事”！因此我希望青年人立志做大事，首先就是希望青年人善用逻辑的思维以为立身行事的方针。

我且就寻常的事情来说明“理性”实义。我们看见街上人打架，我们心里总要说某一方是、或者两方都是、没有理性可讲的。这里的“理性”二字，虽然是百姓日用的语言，但用得很对。打架的人，至少必有一方是失去理性的。从这件事情，我们可以看出：和平是理性的基本行为的一种。和平是个人立身处世的一种美德，是不必说的；一个人能够事事和平，过失自然会减少，气味亦自然会雅正。即以天下、国家的事情而言，凡是能够用和平的方法做得到的，我们必须竭尽力量用和平的方法去做。

这种逻辑的思维，我们亦可以用于教育问题上。就现在人类的理性而言，民主的政体是我们人类文化史上一种最可宝贵的东西。过去数千年的历史中，秦始皇、亚历山大、成吉思汗、拿破仑当然不足道，即必士麦那样的人亦不是我们理想的政治家。古来的政治家，如比利克里斯（古代雅典推行民主的政治家）、马萨里克（衷心于民主政体的故捷克总统）等，乃是真正值得后人赞叹的好政治家，能够做真正的“大事”的。（华盛顿、林肯，当然不待言了！）而我们现在学校里的历史教科书，多特别详于秦始皇或拿破仑，似乎以他们为能够做“大事”的人物：这种对于“大事”的观念，很可以贻误青年人。在这种地方，我颇希望我们青年人能够善用逻辑的思维，有一个理性的判断！

我想，我们青年人如果能够了解这个“大事”的定义，对于求学——以及做人！——的问题当然可以得到若干帮助。

书籍和修养

周易（大畜卦象词）曰：“天在山中，大畜；君子以多识前言往行以畜其德。”“畜德”就是我们现在所谓修养的。修养需要多识前言往行，理至明显。但一个人要多识前言往行，最要紧的事情便是读书，因为前言往行，差不多只能在书籍里学得。

后魏的道武帝尝问博士李先曰，“天下何物最善，可以益人神智？”李先对曰，“莫若书籍。”这当然是因为书籍记载着前言往行，乃是过去人类智慧所积存的地方。

宋朝黄庭坚曾说，“士大夫三日不读书，则义理不交于胸中；对镜觉面目可憎；语言无味。”从来讲书籍和修养的关系的，没有比黄氏这几句话更为亲切的了！

十九世纪下半期，英国人文学家安纳德（Matthew Arnold）亦以为世界上最好的东西，应为修养所资的，这差不多全在书籍里。

因为这些贤哲的启示，我自己喜欢藏书，也希望别人喜欢藏书。

当然，藏书并非即是读书；读书亦不一定要藏书。世间尽有许多藏书而不读书的人；亦有许多能读书的人乃用借来的书把书读好的。

但最理想的读书环境莫如有自己的书。自己的书，读起来要方便些；这是读书的人都有同感的。除此以外，架上或桌上的书籍，有时可以使一个不喜欢读书的主人成为一个有出息的读书者。

世上有许多收藏古董的人。从欣赏美术品或保存美术品的观点讲，他们或许是一种有意思的人。但就普通情形讲，他们行为的动机，由于货利方面的多，由于文化方面的少。藏书家便不然。世上固然有富翁以收藏宋元版本或莎士比亚作品的初版为务而并没有丝毫学问上的意义的；但究竟是少数。

况且，我要自己收藏或劝人收藏的书，是现在最好的书，现在最可读的书，现在最有用的书。这种书籍，大部分都是现代人的著作，并不是可以当古董买卖的。从我们现在的观点，即就古人所作的书籍讲，亦不一定以古本最好。譬如，《十三经注疏》，并不是宋元版的为最好，而是现在台北艺文印书馆影印阮刻本的为最好，最有用，最便于读；莎士比亚的作品，并不是原来的四开本或两开本为最好，而是Arden Edition 或 Kittredge, Alexander 或 Sisson 等人所校订的本子为最好最便用，亦最便宜。

本文所讲的藏书，大概是就已离开学校的人讲的。但一个在中学或大学的学生，亦未尝不可作藏书的企图。记得我在中学的时候，曾以家中给我的钱买到前四史，古经解汇函，小学汇函（尚是广东原版！）等书；到了大学，买书的兴趣当然更大，范围亦更广。我知道现在学生的经济情况或不很好，但现在便宜的好书亦很多。本国文字的影印本，是大家所知道的：衡阳路一带的西书铺，阵列着很多廉价的版本（如牛津大学出版部所印行的 World's Classics，美国出版的 Modern Library 等），亦很值得学子的注意。一个学生，能够省下一次或两次看电影的费用，便可以买到一本印得很好的世界名著了。这岂不是一件极大的快事!

我现在引十九世纪中英国大史学家麦柯来（Macaulay）的两段话，作我这篇短文的结束：

"与其做一个国王而不知道爱好读书，我宁愿做一个穷人居于陋室而拥有极多的书籍。"

"书是我的一切。如果我现在有选择生活的自由，我就愿意埋身于一所你我所曾同参观过的大学图书馆中，并且不愿意有一时没有书籍在我面前。"（这是麦柯来写给他妹妹信中的话。）

传记文学和人格教育

本文里所称的“人格教育”，亦可以叫做“品性教育”，系指教育对于受教育者的品性上发生影响时而言。严格的讲，这和教育学说里所谓“人格主义”有若干的区别；但普通读者对于这点亦可以不必介意。至于本文里所谓教育，乃是最广义的；凡有诵读能力的人都有受这个教育的机会，并不必一个学校的学生才有。

品性教育的重要，是一件人人都知道的事情。但怎样才能达到这种教育的目的呢？自来教育家对于这个问题曾有种种的解答。孔子曰，“兴于时；立于礼；成于乐。”（《论语》泰伯。）这似乎指养成人的品性而言。诗、礼和乐三事有关于个人的品行，是无须说的；但文字的能够有助于品性的修养，非特诗歌为然，传记文学至少有同等的力量。

传记文学所以和品性教育有密切的关系，当然因为这种文学里对于人们言行的记载最能够亲切逼真的缘故。能够亲切逼真，自然可以使读者“如见其人，如闻其声”。能够使读者有这样的感觉，则自然会在读者心中发生极大的作用。世界上最大的教道德的书，东方有《论语》，西方有耶教《圣经　新约》里的“福音”。《论语》和福音，都可以说是自有文字以来最上品的传记文学。这两部书对读者的性格会发生影响，是无可争辩的。宋朝程伊川先生说，“今人不会读书。如读《论语》：未读时是此等人，读了后又只是此等人；便是不曾读。”这个哲学家以为若使论语对于读者毫没有发生作用，那只是这个读者“不会读”或“不曾读”的缘故。

今即就《论语》略作说明。《论语》里所记的圣哲的嘉言，大部分都是“经纪人伦，平章百姓”的训辞，可为读者做人的矩范的。至于所记的孔子的行为，亦很有可以喜悦的。例如：

"子不语怪，力，乱，神。"（述而。）"子绝四：无意，无必，无固，无我。"（子罕。）"子见齐衰者，冕衣裳者，与瞽者——见之，虽少必作；过之，必趋。"（子罕。）"厩焚。子退朝，曰，'伤人乎？'不问马。"（乡党。）"朋友死，无所归，曰，'于我殡。'"（乡党。）

这些都是寥寥七八字或至多二十余字的记载，但能够把一个伟大慈祥的孔子摹写得极生动。这可以说是传记文学的特点。我们若没有机会亲见这种伟大的人格，我们只有从传记中可以领会到。

且更举一个较有趣的例。《论语》季氏篇：

陈亢问于伯鱼曰，"子亦有异闻乎？"

对曰，"未也。尝独立；鲤趋而过庭。曰，'学诗乎？'对曰，'未也。''不学诗，无以言。'鲤退而学诗。他日，又独立；鲤趋而过庭。曰，'学礼乎？'对曰，'未也。''不学礼，无以立。'鲤退而学礼。闻斯二者矣。"

陈亢退而喜曰，"问一得三：闻诗；闻礼；又闻君子之远其子也。"

这一百零一个字，真可以说是"传神之笔"。我们生在二千多年以后的人，读了这一段记载，宛若亲耳听见陈亢和伯鱼谈话，又如亲耳听见孔子和他的儿子谈话。我们读这一百零一个字，可能比读数百字或数千字一篇的"诗论"，"礼论"和"圣人不私其子论"更为亲切有味。胡适之先生以《论语》为我们"历史上最好的言行录"，确是至论。言行录当然就是最老实的传记。

至于新约福音对于西方人士的影响，比起《论语》对于中国儒生的影响来，恐怕还要大。

近代西方文学里，传记极为发达。十八世纪英国的博施惠尔（Boswell）写的《约翰生传》，可以说是近代传记文学的第一部大著作。十九世纪英国名儒麦珂莱以为传记文学的有博施惠尔，正和史诗的有荷末（Homer）一样。从十九世纪以来，有价值的传记不断的出现。从教育的观点看，乃是很好的现象。胡适之先生讲到"传记文学"时，曾称述一部法国科学家巴斯德（Pasteur）的传记，使他"一直看到夜里三、四点钟"，使他"掉下来的眼泪湿透了书页"，使他"感觉到传记可以帮助人格的教育"。（台北华国出版社出版的《胡适言论集甲编》页五八。）

至于富兰克林的自传和林肯总统的传对于美国人的影响，更不待言了。（英国牛津大学校长立芬斯登讲到历史和文学对于品性养成的关系时，曾特别提到Lord Charnwood的《林肯》；就我们现在岛内出版界言，张心漪女士译的《林肯外传》亦极值得一读。）

但我们近代的传记文学，实在太贫乏了。三四十年以来，今人替古人做的传记类的作品，大部分为年谱。年谱只是备学者查考的东西，而不是可读的文学。近来新出的古人的传记，以张晓峰先生的《孔子传》和杜呈祥先生的《辛稼轩评传》为可读，可惜都稍嫌简略。至于现在人的传记，如董显光先生的《蒋总统传》颇为详瞻，但又嫌定价太高，似有印行普及本的必要。四、五年以来，我国的传记文学中科称道的，似只有这些。（此外有一本自传，详下。）胡适之先生推寻我们传记所以不发达的原因有二：亦是我们的忌讳太多；二是我们缺乏保存史料的公共机关。这是不错的。我们为我们的教育计，为我们的文学计，我们都应该把这两个原因去掉。我们应该树立“修辞立其诚”的风气；我们写一个人的传记，切不可格外崇饰，亦不可虚加诽谤。当然，要做到这个地步，非特要有史德，又要有史识。

我们在文学里树立“修辞立其诚”一事，极为重要。在传记文学里固应以“立诚”为第一义；即凡发表言论，记载史事，抒写情感，亦应当这样。传记若缺一个诚字，便不足观了。在自传里，更不可稍有不实的话。我国文人，往往喜欢说“体面语”，很少能实行这个戒条。（至于“谀墓”的碑文，更不必说了。）风俗所以楛窳，这也是一个原因。我们若能树立“修辞立其诚”的风气，非特可以产生好文学，亦可以有好国运。数十年来，人人竞说“新文学”，而不知道革除体面语的恶习；旧时腐败文学的病根没有芟夷净尽，当然产不出真正的“新”文学。

就我们现在教育的情形讲，我们实在需要有好的传记文学。除去我们自己想法产生好的传记外，还有翻译一途。凡西方标准的好传记，尤其是大科学家、大政治家、大实业家的传记，我们都应该大量用我们的文字移译过来。已可适应我们读者的需要，又可使我们的写作家有所矜式。人家有一两百年的经验，自然可以做我们的师资；老实说，我们自己不从速向先进的人学习，还恐怕产生不出来第一等的传记呢！我国提倡传记文学的人太少了。只有胡适之先生一人，一有机会便把这件事情提出。胡先生的意思，似是为了文学的目的少，为了教育的目的多。

若以教育立场来谈传记文学，则传记的题材和写作的技术亦应该不背教育的原理方好。传记的主子，自然以“器量弘深、姿度广大；兼资九德，总修百行”的人为好。当然，虚假的话，是一句说不得的。无论宣传怎样好的道理，若说一句虚假的话，可能使读者对于真实的话也生疑虑了。世间很少十全十美的人；一本传记，若把传主说得十全十美，便有可疑的地方了。这一点常识，是凡写作任何传记的人所不可不知道的。至于做自传，如曩时番禺陈兰甫先生那样的雅正，固然不错，可惜太简略了。胡适之先生二十年前的《四十自述》，是我们文学里自传的模范；新近沈宗瀚先生的《克难苦学记》，胡先生以为是“最值得读的”。

总之，在传记文学上，我们贫乏得可怜。我们为文学本身计，为教育计，都应努力铲除这个贫乏。但这里有一个先决的条件：我们如果要有好的传记文学，我们须先学会说老实话。当然，说老实话并不是容易做的事情。我希望我们的教育家，文学家痛下苦功。这是人世间一种最高尚的德性；任何苦功都值得下的。

第二辑

论"立法院"通过"筹设中医学校"(节选)

"立法院"于一九五六年三月二十七日通过一案，请政府筹设中医学校及中医药研究机构。

四月十六日出版的《自由中国》载有一篇社论，以为这个"筹设中医学校"的案件是不能接受的，希望"行政院"于接到这个案件后，即依法第五十七条第三款的规定移请"立法院"复议。

我以为《自由中国》这篇社论，是理所应有的。这非特可以代表"自由中国"社，实在可以说是我们自由中国舆论界的光荣。至于"立法院"有这样一个议决案，我一点也不觉得奇怪。德国哲学家黑格尔有个信念："凡发生的事情，都是有道理的。"我一向最不喜欢黑格尔的思想和文章，因为他们太过于晦涩了。但对于他这句话，则在百无聊赖时便引以自慰。这次"立法院"有这样一个议决案，当然使我想起黑格尔这句话；因此，我一点也不觉得奇怪。话虽这样，但我们不能不更想到一件事：设使我们的后代子孙有研究本国的文化史和思想史的，查究这个案件的下文，遍翻三月二十七日以后几个星期内的日报和杂志，寻找关于筹设中医学校的舆论，如果连四月十六日《自由中国》那样一篇社论都没有，则我们这些子孙对我们现在的知识水准会有什么感想呢？因此，我又觉得《自由中国》那篇社论无论现在会不会发生效力，至少可以使我们后代研究本国文化史和思想史的子孙，不至于觉得我们这一代没有正当的舆论。在这一点上，《自由中国》是值得我们捧场的。（这当然就"自由中国"境内而言；丁文渊先生于三月三十一在香港《自由人》所发表的文章，自是"通人之论"。）

有几个朋友，以为我是一向注意我国文化的历史的，要我对于这个中医学校的问题发表一点意见。我想，我对于这个问题的意见，《自由中国》和《自由人》上的两篇文章差不多都说过了。我如果有什么特别的话，那就是这个问题四五十年来在我个人心中的演变。回忆我在中学时，已有中西医的争论了。我那时的意思是：西医以现代的解剖、组织、生理、细菌等学为基础，自然比我国古来相传的医学为可靠。但中西医优劣的问题，是不能以口舌争的。等几十年后，新的医学教育渐渐普及，使穷乡僻壤都有受过新的医学教育的好医生，人们自然都会相信西医的。所以我那时不和人家辩论中西医的优劣，正和我不和人家辩论地绕日行还是日绕地行一样。我这个态度一直保持着很久没有改变。一九三四年，亡友傅孟真先生著文论“国医”，我还怪他多事。（傅先生的文章，见《傅孟真先生集》第六册五三七——五五七页。）我并不是不知道写这种文章是每一个社会里的知识分子的义务，但我以为社会的知识水准是不能用争辩来增高的。不过我现在却要补说一句话：对于办教育或谈文化的人，傅先生的文章在今天还值得仔细一读。

四五年前，“国立中央研究院”院长朱骝先先生，因为讲话时偶然涉及中医，便受了一班中医的攻击。我当时很愤怒，觉到我们现在简直和生活在黑暗时代差不多。本想平心静气的写一篇文章，使社会知道是非所在，竟亦没有工夫执笔，只是在好多时以后，于一个文化座谈会中略表我个人对于中医的意见罢了。现在“立法院”的通过筹设中医学校案，好像是我说话的机会：可惜《自由中国》的社论和丁文渊先生已先我说了！上面曾经讲过，我对“立法院”通过这个案件并不觉得有什么奇怪；不过想起在现在我们还有这样的“新闻”，自己未免有点黯然神伤。这自然也是无可奈何的事情！我想，即在“立法院”里面，大多数的委员亦都会和我有同样的心情的！

就正当的道理讲起来，“中医学校”这件事情好像是可以阻碍学术的进步的。我们随便在学术史上举一个相近似的例来说罢。差不多三百年前，英国的牛顿发明近代自然科学最重要的工具微积分；同时，德国的莱布尼兹亦发明这样的微积分。后来两方互争发明权，由于意气的关系，英国的算学家遂不用莱布尼兹的较便利的符号；因此，经十八世纪至十九世纪一百多年中，英国的算学家比起欧洲的算学家来便显出瞠乎其后。一直到英国采用德国的符号后，英国的算学才可以和欧陆的算学并驾齐驱。从这一个例，我们可以想到中医学校会影响到我们医学的进步的。当然，我们“立法院”仅通过“筹设中医学校”，并没有建议“废除西医学校”；但中医和西医的差别，岂牛顿和莱布尼兹两人所用符号的不同可比！

但我有几句话可以安慰一般开口进步闭口进步的朋友们的。法国巴黎大学好像在得·拉普斯的时代，教天文学的人还是把多禄某和哥白尼两人的说法不分轩轾地讲给学生听的！从我们现在看起来，这是极大的笑话；从当时天主教的权势看起来，这是极大的让步。我们现在把“中医”“西医”兼容并蓄，在一部分人心目中自然是笑话，在另外一部分人心目中这是在“保存国粹”工作上起码要做的事情。我们把一百多年法国巴黎大学教天文的情形来和我们现在设立中医学校的情形相比，我们只要忘却时代的不同，忘却“谈天”和“治病”在人生实际上关系的不同，我们大可以安慰我们自己。

讲到人生实际上的关系，我还有几句话可以安慰大家的。“立法院”固然通过“筹设中医学校”的案了，但“行政院”自然可以把这个案移请“立法院”复议的。即令“立法院”坚持，“行政院”不得已把这件事交给“教育部”办理，我们的教育经费恐怕亦没有这个“余力”。即教育经费有余力，“教育部”恐怕亦不能找出一个适当的校长，更不必说适当的教授了。即令一切都没有问题，而在六七年（这个“六、七年”，是依现行医学院学生毕业的年限说的；从前一个稍识文字的人，念念坊间出版的药性赋等书，有花一两个月便替人按脉开方的！）以后，虽然已有正式的中医学校毕业生“悬壶济生”，诸位相信西医的人，还可以有“择医的自由”；大概不至于有什么警察先生来强迫诸位向这般中医学校毕业生就诊罢！我常听说在我们这里，西医所不能治愈的癌症以及一切无名肿毒等等，最后请教中医，便“手到病除”。我想，相信西医的人，很可以利用这一道生命上最后的防线！傅孟真先生论国医的文章里曾有一句话：“我是宁死不请教国医的，因为我觉得若不如此，便对不住我所受的教育。”设使我得了一种所有西医所不能治的病，到了最后关头，有中医肯向我包医，我不知道那时候我亦会坚持傅先生这个主张否？

在这个无奇不有的世界里，许多科学家正在那里计划月宫旅行，我们在这个宝岛上办一座中医学校来装点我们的“文化”，不算一件什么了不得的事情！

《新时代》发刊词

在已经有几百种杂志的岛内，我们又加上一种新杂志，似乎不能不说几句话。

大家都知道现在我们已经步进一个新时代了。大家都知道生活的方式是应该随时代而变迁的。但应该变得怎样？应该用怎样一种态度去变？这些问题，我们只能根据现代科学所给予我们的知识来解答。

我们这个杂志，拟以综合的体裁，将现代的科学知识，用极浅显的文字，随时代介绍给我们的青年乃至老年人，希望他们由于这些知识的启示，能够适应这个新时代。

这里所谓科学，不是专指自然科学，亦包括人文科学和社会科学。对于人类的生活，自然科学的知识固然很重要，人文科学和社会科学的知识亦同样重要。这就是我们这个杂志以综合为体裁的缘故。

科学并不像一种美术品，一成不变的。科学之所以为科学，就在它的日就月将而不止息。现代自然科学进步的快速，能读报纸的人都知道；而现代的人文科学和社会科学，亦不是几十年前或十几年前的老样子了。在这个时代，一个人若要做一个好人，一个有用的人，一个好公民，专靠在学校时所得的那点知识是不够的。因此，凡是受过教育而服务于社会的壮年人或老年人，自己没有空闲继续研求学问的，乃是我们所盼望的这个杂志主要的读者。

我们的青年对于学问的努力，是很可赞美的。但因经济的关系，我们的青年不能人人都得受高等教育。社会上虽然有种种补救的办法，但仍有许多青年不能满足求知欲的。对于这种青年，我们希望我们这个杂志能够发挥它的用处。

但我们这个杂志对于青年的帮助，并不限定在校外的。现在有许多在大学或专科学校肄业的学生，对于自己学科以外的知识，往往一无所有。这种教育，虽然能够造就专门人才，却不能替社会培植通人，替国家培植好公民。我们这个杂志有一个目标是要补救我们现行学制上的缺点。

我们知道，现在岛内并不缺乏青年人或老年人都可读的期刊；但它们各有各的目标，和我们旨趣相同的很少。这是我们要出版这个杂志的理由。

现在我们将我们对于这个杂志取材的标准约略讲一讲。

我们既以综合为标榜，则自天文、地理以至正心、修身的功夫，凡在知识范围以内的东西，都是我们讨论所及的。但若这样做，则做出来的最多亦只是一部百科全书的补充本。这非特我们做不好，亦不是我们所要做的。我们自然要记述一切新发明的道理，新发明的事物。但我们所重的不在“博”的方面而在“通”的方面，所以对于学术上重要的发现或发明，虽然尽速介绍于读者，而不胪述技术上的细节。我们要仔细报道的，是这个发明或发现对于知识全体的关系，对于社会或文化的影响。

我们希望每篇文字，都是受过高中教育的人所能够了解的。凡关于自然科学的论著，必让攻治人文科学或社会科学的人读得懂；反过来，关于社会科学或人文科学的，亦必让学习理科或工科的人读得懂。不合这个规格，我们只好割爱。因为我们这个杂志，是要给凡愿意做一个好公民的人读的，所以凡所登载的关于自然科学的文章，即不是专治理、工、医、农的人亦所应读；关于人文或社会科学的文章，即不是学文科或法科的人亦所应读。若发表的文字过于专门或高深，便失掉我们创办这个杂志的本意了。从另一方面讲，这种文字，是应该发表于专门学术的刊物的。

除却文字深浅的标准外，我们又愿意对文字好坏的问题做一个尝试的标准。文字的好坏，自然是很难讲的。但以“容易懂”作标准，则我们所乐于登载的文字，第一、是容易读的白话；第二、不含有意思模糊的成语的；第三、文理“清”、“通”的；第四、附有用得适当的新式标点符号的。因为我们大多数的学者太不注意于文字了，所以有许多学术性的出版品，使人读起来很困难。我们以为文字的清晰，对思想的清晰有很大的关系，所以要特别注意这个问题。

至于我们对于论著内容的标准，自然更难固定。我们这个杂志名为《新时代》，则我们所要介绍于读者的当然是新思想和新知识。所谓“新”，就是适应于时代的意思。违反时代的思想，便不是新思想；违反时代的知识，便不是新知识。不论什么著作，对于新思想新知识没有什么贡献的，皆不在我们考虑以内。

在这里，我们有一件事情要附带说明的，就是，论著内容的新不新，不系于和题目有关的年代，而系于论著所用的方法和观点。你可以做很有价值的关于孔子和墨子的文章，亦可以做很有价值的关于亚里斯多德的文章，如果你所用的方法和观点是很“新”的话。我们以为历史的学问，最能增益人们的智慧。所以非特当代文献我们要竭力收集，即对于古代记载的新解释和新考订，在学术史上有新意义而且为普通读者所了解的，我们亦将尽量发表。

上边所谈的，可以说就是我们这个杂志选材的标准。这个标准，是纯粹依着我们读者的利益而定的。我们为读者的利益（实在亦是为国家和民族的利益！）而刊行这个杂志，我们亦希望海内外学人为读者的利益而肯和我们合作。凡可以发人智慧的文字，有益于我们这个时代的青年人乃至老年人的，我们都竭诚欢迎。我们预定的标准，固然不敢用以范围贤达；但文字的容易读和容易懂，标点符号的用得有意义，执笔者稍加用心便可做到。费力不多而好处很大；这似是值得一试的事情！

我们主要的态度，不外乎平易和诚实。我们决不想放言高论以取悦于众人；我们更不敢稍涉偏私而犯了惑世诬民的罪过。我们只希望我们的读者能够从这个杂志学得些深思明辨的习惯，学得些言有物、言有序的榜样；我们只希望我们的读者能够从这个杂志学得些分别善恶和认识价值的本事。我们的国家，遭遇了空前的艰难。在这样一个时代里，国家更需要能够深思明辨的国民，更需要能够分别善恶、认识价值的国民。

我们崇信民主；但我们只想从提高国民的知识以巩固民主。我们以为思想自由、言论自由为文明进步的基础，但我们反对滥用自由的名义而使国家或社会蒙受到不必要的损害。我们以为政府和人民的守法，可以渐渐的达到完全的民主政治，亦可以进到思想自由、言论自由的地步。但人民的守法已需要高度的德性和智慧，政府的守法则需要更高度的德性和智慧。启迪这种德性和智慧，便是到达民主、自由的捷径。这一点亦是我们这个杂志所想努力从事的。

我们这个世界，已进入太空时代了。我们对于过去时代的道德、法律、典章、制度，似乎都有重新估定价值的必要。要做这个估定价值的工作，我们当然只能依靠现代科学的知识所给予我们的标准，现代世界贤哲所给予我们的指示。我们现在除了强勉学问以外，没有别的平正通达的道路可走。要强勉学问，首要去私去偏；不限于种族，不限于地域，不限于党派，不限于宗教，凡可以使我们的心志、精神进于光明的境界的，都是我们所应取法的。一个人要有这样的气度，他的学问才能够有进步；一个民族要有这样的气度，这个民族才有希望继续生存于这个新时代里面。这种风度，是我们这个杂志所要竭力提倡的。

我们这个杂志，在编排上，分为论著、记载、时人自述、时论选录、书刊介绍、文献、文艺作品各部分。论著部分，登载当代学者对于各种科学和各种问题的著作。如上文所提到的，这里“科学”一词，包括人文科学、社会科学和自然科学而言。记载部分，记录政治、社会、学术、文化上的大事情。我们对于国际文化交流的事情，尤所注意。时人自述，或为访问记，或为自传，似是创始于我们这个杂志的。时论选录，则从前有几个著名的杂志曾经有过。文献部分，存录凡有历史价值的文字。每一期内，各部分文字不一定能够全备。

罗素和现代文化（节选）

罗素在数理逻辑上的贡献，乃是二十世纪开头学术史上的一件重大的事情。他和怀德海合著的Principia Mathematica，1910–13，对于后来讲数学和哲学者的影响，已由殷海光先生在本期《文星》上撰专文叙述了。我现在只将罗素在《普通哲学》和各种人文科学上的贡献作一简单的介绍，以为青年学生读书的指导。我可以说，在这些学问上面，罗素的见解亦是我们现代所仅能得到的最可信赖可遵从的。（这里的“信赖”和“遵从”的字样，自然是用来为初学的人说法的。罗素并不希望读他的书的人只会“信赖”和“遵从”！）

他的讲《普通哲学》的书，最早的是为《家庭大学丛书》写的一本《哲学问题》（The Problems of Philosophy，1912）。这本书虽出现于一通俗丛书中，并不十分容易读。在这本书里，罗素对于他以前的几个著名的哲学家的重要学说，都有很严正的批评。但我们如果要在罗素的著作中替初学者找一本哲学入门的书，最适宜的还是在一九二七年出版的《哲学大纲》（Outline of Philosophy）。这是现在世界上最好的哲学启蒙。一个人无论要专治哲学与否，读了这本书，便能知道哲学的正当门径，而不为糊涂的哲学家所误了。（在这里我可举一例说明罗素对于他的学问上前辈的态度。怀海德是罗素在剑桥三一学院的导师，后来成为他的朋友。他们合作十年做成的一部巨著 Principia Mathematica，乃是思想史上一部最伟大的经典。但罗素晚年讲到怀海德的哲学时说道，“他的哲学，很为晦涩；有许多地方，我是永不会懂得的。”罗素在这种地方给后学的启示，是很有用的。至于他对黑格尔学说的驳斥，使治哲学史的人有拨云雾而见青天的情况，嘉惠后学的功劳更大。）

罗素尝鼓励不是专门学哲学的人去学点哲学。他以为有许多问题并不是现在的科学所能解答的。但如疏忽了这些问题，或随随便便作些解答，都足以使生活贫乏。使这些问题常新，缜密的鉴定对于这些问题的解答，乃是哲学的一种功用。

史传上记孔子“无意，无必，无固，无我”。罗素以为哲学是屏除意、必、固、我最好的方法。（罗素所称的“suspended judgment”，略同于孔子的“无意、无必”；他所称的“generality or impartiality”，略同于孔子的“无固、无我”。）他以为哲学可以养成青年男女深思辨明的习惯，非特在算学和科学上，且亦在重要的实际问题上；哲学可以使人们对于生命目的的观念远大；哲学可以教训我们个人在社会中的正当分际，现在人类对于过去人类和将来人类的关系，整个人类历史在宇宙中的地位。因为哲学能使人的思想的对象扩大，所以哲学在这个烦恼的世界中是消除忧患而维护宁静的良方。

罗素在剑桥三一学院所提出以申请研究员资格的论文是《几何学的基础》。我记得他曾这样说过：那时他想，如果这篇论文不及格，他打算提出一篇关于政治学的论文。我不知道他所想提出的政治学的论文的题目是什么，但他的第一本书是一八九六年出版的《德国的社会民主政治》（German Social Democracy）。他的《几何学的基础》乃是一八九七年出版的。

从上世纪的末年一直到第一次世界大战起来的时候，罗素倾全力于数学和哲学。他的再从哲学分心到政治，是由第一次世界大战引起的。在大战期间，他写了《社会改造的原理》（Principles of Social Reconstruction）和《到自由的路》（Roads to Freedom）。这两部书虽然都像通俗的著作，但里面所陈述的，可以说是致太平的大道理。我们如果让这个世界一直乱下去，那便没有什么可说的；如果要世界上的人都能得到身心的安宁，我们应该差不多全照罗素所提示的做去才对。对于政治和社会，世界上当有许多具有罗素那样智慧的人；但像他那样说得简明而透彻的，实不很多！

他以为世界上应该有一个拥有足以禁暴止乱的军队的世界级政府；他以为世界各国里面的有关人文科学的教科书都应该从全人类福利的观点重新写过。他希望人与人之间只有惠爱而没有仇恨和嫉妒；他以为这个境地是可以从社会制度和教育改造做到的。他提倡社会主义，但他反对国家社会主义，更反对苏俄式的共产主义。他曾有一篇简单明了的反对共产主义的文章，收在他的论文集《赞懒》（1935）中。

罗素的主张社会主义，乃是因为社会主义的实行可以得到经济的公平而消除人与人间怨仇和争夺的缘故。但他继承他的教父密勒约翰（John S. Mill）的精神，以为自由是人世间许多最好事物的要素。因此，他虽然主张社会主义，决不愿自由受到剥夺。他以为如果社会主义能有好的效果，它必须是西方民主制的，决不是苏俄所推行的那种。一个好政府，一方面要能够维持公众秩序、经济的公平和技术上的效能，一方面又须尽可能的尊重个人。

罗素是赞成个人主义的。但他对于许多“进步的”教育家只热心于培植个人主义而忘却社会，则不以为然。他以为我们非特是“个人”，并且是社会的分子。教育非特须使一个人成为杰出的个人，并须使他成为社会里有用的分子。

在第一次大战时便以反对战争而坐牢四个半月的罗素，在第二次大战后呼吁弭兵尤亟。他是时时刻刻以保存人类文明为念的；他是时时刻刻为下一代，下二代，……的人类着想的。我们非特应该替后代想好致太平的方法，并且应该尽量替后代留下生活的资源。他可以说是现在世界上一个体涵“至善”的人。

罗素的著作，论文有两百多篇，成书的有三十余种；没有不值得一读的——有许多是应该精读的。（当然，有许多只有专家才读得懂！）如果《文星》的读者能够因为我这篇文章而发生读罗素的书的兴趣，那便是我这篇文章最大的收获。

达尔文和进化论

达尔文的进化论对当时思想界的影响，可以说和牛顿 (Newton) 万有引力的定律在当时思想界的影响一样大。从人文方面讲，他的影响比牛顿的还要大。

查理·达尔文 (Charles Robert Darwin)——以后简称 “达尔文”——于西历一八〇九年一月二十日生于英格兰中部 Shrewsbury 地方。他的祖父名 Erasmus，他的父亲名 Robert Waring，都是很著名的医生。他的曾祖父名 Robert，是一个律师，但对于科学，亦很有兴趣。

Erasmus 不仅是以医名，亦以诗和哲学、科学名。他的知识极广博。他和当时工业界巨子Matthew Boulton 和Josiah Wedgwood 为至交；他是他们的医药顾问，亦是他们在应用科学知识以促进工业的问题上的益友。他和一班朋友创立一个“明月会”，定每月望夜聚会以讨论学艺和社会的问题。当时如 Boulton，James Watt，Samuel Galton， William Small， Benjamin Franklin，Thomas Day，Joseph Priestley，James Keir，Wedgwood等人，或是这个会的会员，或曾为这个会的嘉宾。据说，他所以不到伦敦行医，乃是因为他不愿意和 Samuel Johnson 争名的缘故。后来达尔文写他祖父略传的时候，曾说他淡于名而不夸自己的能干。

凡讲达尔文进化论的人，都喜欢先讲一讲他祖父的进化论。的确，他祖父在他的几种卷帙巨大的著作中，曾涉及这个问题；对于比他年事稍长的法国学者Comte de Buffon的学说，曾作过检讨。但达尔文的进化论，并不是导源于他祖父的学说的。

Robert Waring Darwin 是Erasmus的第三个儿子。他在荷兰学医毕业后，即回国在Shrewsbury开业。他于一七八八年被选为英国皇家学会会员。不久，即成为英格兰中部最著名的医生。他和Josiah Wedgwood的长女 Surannah 结婚；达尔文是他们的第五个孩子。因为自己行医的收入，又因为他妻子分得她父亲的财产，所以R. W. 成了一位富人。

一八一七年的春天，达尔文的母亲送他进一个唯一神教教士所主持的学校。就在这年的七月，达尔文的母亲便去世了。一八一八的夏天，他进Butler博士的学校。他在这个学校里念了七年书，一直到十六岁时。他后来曾说，对于他心力的发展，没有比这个学校更坏的了。因为这是一个严格的古典学校，除古典作家外，只教一点古代的地理和历史。当作一种教育的工具，这个学校对他真可以说是毫没有效果的。

当他早期在学校的时候，他的同学有一本《世界上的奇异事物》Wonders of the World。他常借读这本书，亦尝和同学辩论书中叙述的真实性。他以为这是最早引起他游览远方的志愿的书。在他学校生活的后期，他酷好射击。他一直热心于采集矿物和昆虫的标本。从读了White所著的《Shelborne》以后，便很喜欢观察鸟类的习性，而且写了一些关于这个题目的笔记。

当他将离开学校时，他的哥哥正用功于化学。他帮助他哥哥做实验，当他哥哥的工友。他读了几本化学书，对于化学很有兴趣。他以为这是他在学校时期最好的教育，因为这是实实在在告诉他以实验科学的意义的。后来这件事给他同学知道了，大家便给他一个绰号叫做“Gas”（气体）。

达尔文的父亲因为达尔文在学校的成绩不十分好，所以便于一八二五年提早把达尔文送进爱丁堡大学去学医。他在这个大学凡二年。他觉得校中的功课十分无聊，又因为他想到将来他父亲定可给他钱过舒服的日子，所以他并不十分努力读书。有两次他见到残酷可怕的手术，他更没有学医的志趣了。

在爱丁堡大学的第二年，他认识Grant博士。有一天他们同走的时候，Grant忽然向他赞美Lamarck 和他对于生物演进的见解。他听了颇为惊讶，但这在他思想上并没有发生什么作用。在这个时候以前，他已读过他祖父关于生物定律的书Zoonomia 了。这本书里，曾有同样的见解，但对达尔文并没有什么影响。不过他在年轻的时候听见有人主张、有人赞美这种见解，可能对他后来的著述《物种起源论》有一些鼓励的功效的。

达尔文在爱丁堡大学读了两年书以后，他的父亲知道他不愿意做医生，所以就想叫他去学校做教士；他同意了。但要做教士，须进一大学得一学位。而他自从离开中学以后，就没有翻开过一本希腊文或拉丁文的书；两年里边，差不多把中学里所学的全忘了。他先在家里请人补习了一段时间，到了一八二八年初才去进剑桥大学。

在剑桥大学三年，达尔文亦觉得他的时间是浪费了的。他深悔他没有在那时耐心多学点算学。不过，和他在中学时一样，几何学给他许多快乐。

在剑桥的时候，有一件对他一生最有关系的事情，就是他和Henslow 教授的交情。Henslow 是教植物学的；达尔文虽然不是学植物学的，但听Henslow的讲演。达尔文极称赞他讲解的清楚，并说他在植物学、昆虫学、化学、矿物学、地质学上都有很大的知识。对于他“无固无我”的德行，达尔文尤为叹美。达尔文在剑桥毕业后能在Beagle 船上游览世界，是由Henslow 推荐的。

达尔文在Beagle船上的航行，是他一生最重要的事情；达尔文一生的成就，都可以说由于这回的航行。

西元一八三一年八月二十九日的晚上，达尔文接到Henslow 的一封信，大意说：英国政府已聘用Fitz-Roy 船长往南美极端处考察，而船上尚缺一位青年博物学家；Henslow受人的委托推荐一位适当的人。他推荐了达尔文；希望达尔文即去和管这个位置的人接洽。

达尔文接到这封信后，便和他的父亲商量。他的父亲反对这件事；但是说，“你如果能够找到一个有常识的人赞成你去，那我亦可同意这件事。”因此，达尔文便于八月三十日回信 Henslow辞谢这件事情了。但当第二天达尔文往他舅父Josiah Wedgwood 处射鸟时，他的舅父颇以达尔文接受这件事为宜，遂同达尔文来见达尔文的父亲。他的父亲一向佩服他这位内弟的，所以马上同意了。这个故事，使我们想到牛顿往剑桥读书的事情；牛顿的能够上大学，亦是由于舅父的进言于他的母亲的缘故。

一八三一年十二月二十七日，Beagle 船离开英国的海岸而作环绕世界的航行。达尔文带了要用的简单的仪器以及参考的书籍。那时地质学家Lyell 的《地质学原理》第一册刚出版，达尔文即携以随行。这书是近代新地质学的奠基石；它对于达尔文思想演进的影响是很大的。

他这个航行，并不是舒服的。Beagle船新装修以后，载重二百四十二吨。因为船长不到一百英尺，宽不过二十五英尺，而船上一共有六十余人，所以每个人的地位很少。他所以还能在船上写信和记笔记，那是专靠他的意志的坚毅和处事的条理。

当Beagle 船到一个地方的时候，达尔文一心一意的采集各种标本，无论是动物的，植物的或矿物的。他请了同船的人做他的助手。他欣赏花卉和珊瑚的美丽；他推论地形的成因；他悟到物种的因时因地而变异。他在船上五年，笔记本上载有无数有意义的事实，箱箧里装满了珍奇的标本，头脑中多了许多有价值的意见。他从一个初离大学的学生变成一个充实的学者。他自己觉到这回的航行，初次给予他以真正的训练或教育。

Beagle船于一八三六年十月二日载着达尔文回到英国。他回来以后，着手整理笔记；他的航行考察记出版于一八三九年。他的标本，分发给各专家去研究。他对于Lyell的关心和鼓励极感到愉快。他于星期日早晨，常和植物学家Robert Brown 同进早餐。

他于一八三九年正月和他舅父的最小的女儿Emma Wedgwood 结婚。他的舅父分给他们五千镑， 每年又津贴他们四百镑。这使达尔文免去衣食的忧虑而得专心从事于科学的工作。他以后四十年的生命，完全用于写作科学的书籍；一共出了十四册。结婚后三年，他定居伦敦近郊的Down。

他们终身便住在这个地方，轻易不出门。从一八四三年他父亲去世以后，他每年的收入差不多到了五千镑。

他从航行回到英国以后，便想收集关于家畜或人工培栽的植物变种的事实；他以为从这些事实或许可以得到一点结论来。他于一八三七年开始作关于“变种”的记录。他遵守培根治学的原则，尽量的收集事实而没有丝毫亿必。不久，他发现人们改进动物和植物的成功，关键在择种。但择种的道理怎样能够应用于生物的自然变异呢？他一时还不能弄明白。

“一八三八年十月，就是在我开始作系统的研究十五个月以后，我偶然为好玩抽读Malthus 的《人口论》。因为我由于历久的观察动物和植物的习性而深知生存竞争的当然，这本书使我忽然悟到在这些情形下：适当的变种可以延续，不适当的变种必至毁减；这件事情的结果，乃是新种的成就。现在，我得着一个可依以工作的理论了。”（《达尔文自传》）

人口论的大意，是：人口，听其自然，是照几何级数增进的；生活必需品则是照数述级数增进的。因为生活的艰难，人口当然受到经常而强烈的阻碍。从人口论的这个说法，自然淘汰的道理便很容易想出。达尔文有了这个明确的意思后，因为要避免偏见，所以决意暂不用文字立说。到了一八四二年六月，他才用铅笔写出一篇三十五页的撮要；一八四四年的夏天，他又把这个撮要扩成二百三十页。这样的态度，总算审慎了。

一八五六年初，Lyell曾劝达尔文把他的意思详细写出来。达尔文开始撰述一部约比后来出版的《物种起源论》要大三倍或四倍的书。但这书若成，亦只是他所有的材料的一种简编。他仅做了一半，便放弃原来的计划了。一八五八年六月，达尔文收到Wellace 从马来寄来的一篇论文 On the Tendency of Varieties to depart indefinitely from the Original Type；这篇论文所含的理论，和达尔文的完全相同。（并且，Wallace 亦是由于读Malthus 的书而发现这个理论的！）Wallace 意谓，如达尔文以为这篇论文不错的话，就请他转寄给Lyell一看。

Lyell和Hooker两人都劝达尔文将他的草稿的撮要，以及他于一八五七年给Asa Gray的信，和Wallace的论文，同时登载于Linnean学会的会报上。达尔文同意这样做；这件关于发明权的争论，便得着令人喜悦的结束了。

一八五八年的九月，达尔文因为Lyell和Hooker恳切的劝告，动手写一本关于“物种变化”（Transmutation of Species）的书。他先将两年以前开始写的稿子删取要略，再完成全书。这件事费了他十三个月又十天的苦工。这部书于一八五九年十一月二十四日出版；书名为《物种起源论》（Origin of Species）。这是生物科学的一大经典。在科学史上，它可以和牛顿的《原理》（Principia）并列。并且这两部书的出版，有极相似的地方：牛顿的万有引力，蓄藏于心二十年才写出公布；达尔文的《物种起源论》亦可以说蓄藏于心二十年。牛顿的写《原理》，由于友人的鼓励；达尔文的写《起源》，亦由于友人的敦劝。

《物种起源论》出版后，持反对论调的当然很多，拥护的则很少。当时赞成达尔文学说最出力的，莫过于赫胥黎（T. H. Huxley）。他自认是达尔文的bull-dog。这个赫胥黎，即是《天演论》的作者。现在英国著名的生物学家Julian Huxley 爵士，乃是《天演论》作者的孙子。这个孙子，亦是当今英国讲进化论讲得最好的人。

从《物种起源论》出版后，达尔文又出版了几部大书，都是科学史上的名著。他有十个孩子，其中三个儿子是英国皇家学会的会员。现在英国的理论物理学家C. G. Darwin爵士，是达尔文的孙子；他的父亲，是剑桥大学的天文学教授。

达尔文死于西历一八八二年四月十九日；葬于伦敦Westminster Abbey。他的墓和牛顿的墓相去只有数尺。

本文多半是根据达尔文《自传》的。简略的达尔文传记，每一部百科全书里都有。本年七月二十一日《生活》杂志上，有Julian Huxley的一文讲到达尔文和他的学说的，最值得一读。

——作者附记。

关于科学教育的讨论

从我们的教育当局和“中央学术研究机关”积极的作发展科学计划以来，社会上对于发展科学教育的步骤已有种种的讨论。科学是我们所应该急起直追的东西。我们已决心发展科学，则执行计划的人自然可以从这些议论收集思广益的功效。

最近有三种意见是很值得重视的。我个人对于这三种意见大致是赞同的；但间有小小的出入。现在试对这三种意见，略加探讨：

一

有一部分人士以为现在要发展科学，当从基本科学着手。所谓基本科学，即数学、物理学、化学、生物学等是。这个意见，自是天经地义的。没有相当高深的数学，便不能研究现代的物理学；没有现代物理学和化学的知识，则对于其他许多自然科学都不能作高深的研究。

这个道理，当今“教育部”长在三四年前开始办“清华研究所”时便很明白。所以他所主持的这个研究所，虽然以原子能研究为目标，但竭力从事于基本科学——物理、化学等——课程的充实。如前年的请吴大猷先生回台讲学，即是一个明证。吴先生在岛内半年，使岛内许多青年学生受到很大的益处；这是学术界所周知的事实。现在的问题，不在主办学校或研究所的人知道不知道各种科学的缓急先后，而在适当人才的难得。怎样才能使这种人才留在岛内或从国外回来任教或研究？这是当前科学教育最大的问题。

基本课程的培养，重镇虽在大学，但中学里科学的课程实为重要的基础。这些课程所包含的，可以说是科学的基本知识。中等教育里科学的课程如果教得不好，或实验室的设备不充实，不知误了多少有科学天才的青年。近来教育当局能够注意到中等学校的科学教育，自然是好事。（上年十月十八日，“教育部长”梅贻琦先生在“立法院教育委员会”报告当局提倡科学教育的办法时说，“在中学教育方面，充实学校教学设备，并提高数理化博物等科的师资”。）但教师的待遇不改善，即有很好的设备，收效恐怕亦不会很大。这亦是我们整个教育里的大问题。当然，这个问题，并不是教育当局单独所能解决的。

二

有一部分人士以为自然科学固然重要，但“就教育的百年大计着想，有较自然科学更为根本重要的科学精神、科学态度、及科学的思想方法。”（《自由中国》第20卷第三期社论一。）从我个人所常常想到的而言，一个国家中最重要的东西，莫过于每个国民或大多数国民都有清晰的头脑，清晰的思想。我这里所用的“清晰的头脑”或“清晰的思想”一词，约略等于《自由中国》执笔者所用的“科学精神、科学态度、及科学的思想方法”。因此，我对于《自由中国》的重视“科学精神、科学态度、及科学的思想方法”，可以说十分的赞成。我只是平常不大喜欢用“科学”两字来做形容词。

不过在这里我有一种意见。我以为提倡自然科学的教育，并不和“科学精神、科学态度”相冲突。教育的至高无上的目的，就在养成学生的“科学精神和科学态度”。依我平时所感觉到的而言，自然科学的教育在这方面的收效，不比他种教育为低；或许更高一点。所以我以为自然科学教育是养成科学精神的一种重要的工具，虽然不能说只是唯一的工具。

当然，我也知道在一个自然科学教育发达的国家里，它的国民不见得个个都有科学精神。我可以说，有好些很有成绩的物理学家或生物学家，在平常事理上有时是很缺少科学精神的。这种例外，是任何事物所同有的。但在一个国家里，如果它的自然科学教育很发达，则这个国家里的人民的思想方法，平均亦应当比科学教育落后的国家的人民要“科学”得多。一个没有受科学（自然科学或人文科学）教育而有科学的思想方法的人，世间并不是没有，但为数定必很少。

因此，我们现在只希望教育当局能够切切实实地提倡自然科学的教育；至于“科学态度”那些东西，乃是可以用科学教育培养成功的一种佳果。这种佳果，并不是容易长成的；但实验室的训练所养成的“无意、无必、无固、无我”的心习，就是这种佳果主要的成分。

三

有一派人士以为人文和社会科学应该和自然科学并重。（上月十一日的《自由人》。）这亦是很对的见解。实在，从国家的观点言，社会科学在重要上并不下于自然科学。社会科学不发达，即有自然科学亦不能好好的利用。若从整个人类文明言，则所谓人文科学似乎比自然科学为更重要；至少亦立于同等的地位。此外，有些部分的人文科学和有些部分自然科学，两方的进步是息息相关的。明白这一点，我们对于人文科学和自然科学便不能有所轩轻了。

本年二月一日“行政院”所公布的《国家长期发展科学计划纲领》里有一条：“长期发展科学专款协助之范围，暂以自然科学、基础医学、工程基本科学以及人文与社会科学为主；而用于自然科学、基础医学、及工程自然科学之款，不得少于总额百分之八十。”从这个分配，我们若想及理、工、医的设备费，亦就可以看出这个发展科学计划对于自然科学和人文科学的平等待遇了。

以上三点，我只就时论所及的作一平议。至于上段所提及的发展科学计划，非特已做到第三点，并且亦完全符合第一点的意思。这样的计划，是没有什么可以非议的地方。我个人并且相信我们的教育当局，必能斟酌实情、一秉至公来执行这个计划。

许多人都说这个计划里所定的经费似乎少一点；但作个开头，亦未尝不可。最重要的，还是人才问题。现在我们大专教席的制度还没有建立善良的传统，则这个计划似乎亦是改革习俗的一法。在这点上，执行者的公正无私固然紧要，社会人士辨定是非的意见尤为紧要。

科学家和政治常识（节选）

十多天前我发表了一篇短文，大意是：在这个原子时代，一切人民，尤其是政治家，都应该有科学的常识；不然，便不能知道处世的方法。所以把现代科学的成就通俗化，是一件极重要的事情。

我今天却要写一篇反面的文章，说明政治常识对于科学家的重要。我以为在这个原子（有许多时髦的人已经用核子两个字了！）时代，科学家应该是世界上最重要的公民，应该是世界上最重要的实际政治家——即决定世界命运的人。因为这个缘故，科学家的需要政治学的知识，至少应当和职业的政治家一样。

所谓政治学，便是从前人所谓“修、齐，治、平”的道理，当然是“经纬万汇”的。但普通人对于政治这件事情，却看得很轻松。日常所遇到的街上的人，你知道问他会不会下棋，他就算真的会下，也许谦逊一番。但你如果和他谈起“天下事”来，他便会滔滔不绝，好像很有把握的说下去。这种情形，在科学家亦一样。你向一个科学家问他本行的问题，他多半会“知之为知之，不知为不知”的回答你；你如果和他谈到“天下事”，他的说话便不见得可靠了。前几天胡适之先生在台湾大学讲“治学方法”时，有一次曾提到科学家在实验室里，个个能够虚心地听从实验的结果；但一出了实验室，讲起世间的事情来，便忘却他在实验室的态度了。胡先生并举英国过去的著名科学家骆奇（Sir Oliver Lodge）的信鬼、信灵魂为例证。在我看来，科学家的信鬼、信神，有时虽觉得可笑，但害处还小，并且这种的科学家究竟是很少见的。科学家对于“苍生”的事情，若有误谬的见解，那为害便很大。而这样的科学家，似并不少。胡先生以为科学家因为在实验室里太规矩了，所以一离开实验室便自己在心理上“放假”：这似是一种可用的心理的解释。但最重要的原因则为科学家平常专心致志于自然现象，而对于社会和国家的事情，则没有仔细去想过。一种心理的解释告诉我们，一个人对于没有仔细想过或知道得不多的东西，往往最喜欢有所表示。由于这种原因的表示，自然容易错误。并且因为对于社会或国家的事情没有仔细想过的关系，一个科学家对于这些事情也往往会随随便便听从人家的诱惑。（我们当然不能说科学家比平常人更不懂得政治，但因为我们对于科学家的意见特别重视，所以我们便有一种偏于“责备贤者”的心理。）

但科学家所需要的政治常识，并不是一种政治学概论那样的东西。这种概论，对于初学政治学的人固然是一种极重要的功课，但对于一个要得点政治常识以应用于现代生活的人则还不够。我常以为一个科学家（或其他职业的公民）要得到比较完善的政治常识，似乎需要好好修习下列的课程：

一、人文主义的世界历史，注重人类文化和道德发展的程序和趋势。

二、和这个世界历史并列的是一部科学发展史。这个发展史告诉我们人类怎样“创造”科学和科学怎样改进人类的生活。（最理想的课程，是（一）（二）两种合并为一。）

三、普通人类经济学：阐明人类工作和幸福的关系，以及由工作以取得幸福的正当安排。

四、“世界性的”政治学：阐明天下一家的道理；讲求由公正、和平以致太平的方法。

一个科学家能够“以暇日”修习这些课程，则他的政治的见解便不至于荒唐了。这样的历史和政治学，是联合国的文教组织所应当提倡的，亦是每一个民主的国家所应当提倡的。有人会疑心“世界性的”历史和政治学可能引导学者“数典忘祖”，减低了爱国心。这是一种“杞忧”！真正有价值的爱国心，只有一个有完善的政治常识的人才有；而完善的政治常识，必用“世界性的”历史和政治学来养成。凡狭义的爱国心，是很难维持长久而百折不回的。

是不是个个科学家都需要这样一套课程呢？当然不是。科学家和其他的人们一样，对于社会和政治的见解，也有生来便聪明睿知的。不过这样的人很少；我们从教育的立场言，只能就平均的程度来讲。（科学史一科，差不多所有的科学家都会忽略的。）

在这个原子时代，科学家掌握着人类的命运；若使他们对于人生和社会的问题没有下过一番慎思明辨的功夫，他们便可能会对世界人类作出极大的损害！

谈科学的分类和治学的途径

从古到今，谈科学分类的，何止“百家”！学者如要知道个大概，可一翻弗令忒（R.Flint）的《科学分类的历史》（History of the Classification of the Science.）本文所要讲的，是十九世纪的两家，孔德（A.Comte）和斯宾塞尔（H.Spencer）。这两家的分类，都是和他们所讲的做学问的途径有关系的。

孔德为十九世纪上半期的法国哲学家。虽然在现代的很著名的哲学史里面或找不出他的名字，但他是当时所谓实证哲学（Positivism）的创始人。他把基本科学分为六门：一、算学；二、天文；三、物理；四、化学；五、生物学；六、社会学。第七门则是他心目中最高而最后的科学，为道德学。他以为一切科学，由简趋繁，由纯趋杂，是有连贯性的。

孔德这个分法，就大体言，唯一不妥的地方，是把天文学作为一独立的基本科学而列于物理学和化学的前面。孔德可能因为太拘泥于科学发展的历史而有这个错误；但无论如何，总是说不通的。（四十年前，英国生物学家汤姆生写他的《科学概论》时，以为孔德把心理学看作生理学的一部分为没有理由；我们现在不能赞同汤姆生的见解了。我们如果就孔德的原单在生物学和社会学中间添进一门心理学而把天文学涂去，那当然要比孔德的原单有条理得多，有意义得多。但孔德的把心理学当作生理学的一部分，从思想史的观点讲，实在是值得称赞的一件事。）除却这个错误而外，我们觉得孔德的分法，在哲学方面的贡献虽然不见得大，而在学术进步的关系上则很有功劳。

一

孔德以为道德的科学，须以生物社会等学为基础。这点是孔德卓越的见解。道德的标准，不能仅凭孔子、释迦、耶稣的经典而定，亦不能仅凭从古至今任何人的意见，乃应该用生物学和社会学所得的结论为依据以定的。孔德这个见解，可以说是科学的伦理学的萌芽。总之，以科学的知识来范围生活，现在许多大哲学家都有着同样主张。有许多人把科学和道德看作敌对的东西，那真是大谬。

《大学》的首章：“古之欲明明德于天下者，先治其国；欲治其国者，先齐其家；欲齐其家者，先修其身；欲修其身者，先正其心；欲正其心者，先诚其意；欲诚其意者，先致其知；致知在格物。”这里的“格物致知”，从前有人以为即是自然科学的事情；那是靠不住的解释。但我们把这四个字解作“求一切事物准确的知识”，则相差当不至于太远。已名为一切事物，则自然和社会的现象自应都包括在内。我们现在如果把“格致”当作孔德的基本科学——从算学至社会学——，把“诚正修齐……”当作孔德的道德学，则我们便不能不想到中外古今的“若合符节”了！（这不是勉强附会。作大学的人，当然以为：要懂得做人的道理，先要有人世一切现象的知识。可惜这篇书的“第一章”以后，文理不能相称。）

二

孔德把算学以至道德学，由简纯至繁复，依次排列，同条共贯；意谓“算学通而后（天文学可通，天文学通而后）物理学可通，物理学通而后化学可通，化学通而后生物学可通，生物学通而后社会学可通，社会学通而后道德学可通。”这个“盈科而后进”的程序，实是做学问的一条大道。任做什么学问，一定要遵守这种程序，才不至于“无本”的毛病。

斯宾塞尔则是十九世纪下半期的英国的学者。他虽然阐述孔德实证哲学的体统，但在科学的分类上，则不以孔德为然而欲自创一说。他的分类的大纲如下：

组甲：抽象的科学（Abstract sciences），如逻辑和算学。

组乙：抽象具体的闲科（Abstact-Concrete Sciences），如力学、物理学、化学等。

组丙：具体的科学（Concrete sciences），如天文学、地质学、生物学、心理学、社会学等。

这个由单纯到复杂的分法，可能由于孔德分法的启发。斯宾塞尔以逻辑和算学独列为一组，自是卓识。但他在抽象科学和具体科学中间插进一抽象具体的闲科，则为后来谈科学分类的学者所放弃。依我的意见，斯宾塞尔以力学、物理学、化学和天文学、地质学等分列，是很有理由的；物理学和化学，究竟要比天文地质等为更普通、更基本。不过本文的目的不在讨论分类的得失，只是要从科学的分类以纵言到治学的门径，所以对于分类的细节不再详及。

斯宾塞尔对于治学的途径的意见，可从他的《群学肄言》中略窥一斑。他以为要治群学（社会学），先须有缮性的工夫。这个功夫的步骤，第一为研治抽象的科学；所以通知法式。次为研治抽象具体的闲科；所以通知义类。次及生物心性诸具体的科学；所以穷尽事物的变化。一个人必须有这样的预备，才能屏除偏见和我执，才可以真正了解广大精微的社会学。这个见解，实在和孔德在他的《实证哲学的课程》所表示的见解差不多，亦和我们《大学》首章的道理相像。我很希望读我这篇文字的人，能去翻开《群学肄言》的第十三篇（缮性）一读。这几十分钟的功夫，决不会白费的。

清代的末年，我国有一个很好的读书人，叫做严复。他译了许多西洋的好书，如亚丹　斯密的《原富》，孟德斯鸠的《法意》，穆勒的《名学》，斯宾塞尔的《群学肄言》，赫胥黎的《天演论》等。他谈到做学问的途径，似乎一以斯宾塞尔的说法为依归。记坊间印行的《林严合钞》中，严氏曾有一篇与友人论学的书札；书中大意，就是以《群学肄言》的缮性篇为蓝本的。在严氏写那封信的时候，中国士子正忙于科举；严氏用这个意思告诉他研治社会科学（政治、经济、历史等）的方法，自然是再好没有的了。我的意思，就是五十年后的今天，真正的要研治社会科学，斯宾塞尔的课程单还有参考的价值。

关于科学通俗化的一些意见

二三十年以来，非特教育家觉得大学或专门学院里有加授“普通科学”的必要，就是政治家亦有这样的感觉。自从原子弹出世以来，许多关心世事的人，更以为每个公民都应有现代科学的常识。这都是有相当的理由的。

依我的意思，为世界政治关系而提倡“普通科学”的教育，固然要紧；但为“人生”而提倡“普通科学”的教育，更为要紧。因为三百年来科学的发达，非特给予人类以丰富的物质生活，并且增加人类的知识。我们如果不把这个知识应用在日常的行为上，那便是辜负这三百年来的科学，辜负这个科学的时代！

我且举两件最显著的事情。

（一）现代的工业，使中央政府的权力日以增加；凡是能够把握住权力的政府，就是坏到像希特勒那样，人民也没有法子推翻它。所以非特十九世纪最完备的政治教科书已不能完全适用，就是二三十年中间的也有点陈腐了。我们在现在如果事事默守着数千年来先哲对于政治的训示，岂不是违反时代！但我们如不明了现代科学和工业对于社会的影响，我们就是违反时代亦不自知。

（二）所谓“中医”和“西医”，从科学史的眼光看起来，本只有程度上的差别；凡稍有科学常识的人，都知道无论在学理上或在方法上，西医的超越中医很远。这当然不是说中医毫没有用处而西医已到了十全的境地；但我们把学术应用于人生，在可能的时候，自然选取较进步的。这是稍有知识的人所能明白的道理。而我们社会中，中西医长短优劣的争论，一直到现在，还可以到处听到。意气用事，贤者亦或不免。这种情形，讲起来实可痛心。要匡正这个陋俗，除却加强科学教育外还有什么办法？

大学和专科学院中增加“普通科学”的功课，对于学生的知识和社会的改进，当然有很大的影响，但这件事做起来相当的困难。教授的人材和加班的经费，自然是很不容易的。而教材的配合，尤为艰难。（记得一九三八年的时候，我曾在一美国的杂志（政治评论？）上看到一个拟就的"普通科学"教材的条目。实在，这不是"教些什么"的问题，而是"怎么样教"的问题。）我常想，大学里要教"普通科学"的功课，不如教一门"科学发达史"。用历史的方法以讲述现代科学的成绩，似是一种最好的教法，亦是大学学生所乐于领受的。但科学发达史的师资，比"普通科学"的师资尤为不易得。

除却上述的困难以外，大学里加授"普通科学"，实在还不能够达到提高公民的科学知识的目的；因为公民中能受到大学教育的，究竟还是极少数。仅仅极少数的人受到这样的教育，自然不能解决现代教育家和政治家的问题。

幸而现代工艺的进步，使我们得着一种最便利的教育方式；那就是电影和广播，——尤其是广播。用广播以传授科学知识，既经济，又普及，可以使大众卧着而听现代科学家的一切发明。这自是最好不过的。但从收音机里，听音乐比听讲演好；听时事的讲演，又比听科学的讲演好，在传播科学知识上，广播的效力，似不及广播过后印成书籍的效力。

实在说，一直到现在，除却在学校的讲堂或实验室里以外，还没有比通俗的书籍更好的东西。广播中无论讲得怎么清楚，如偶有一句或一个字听不明白，便可以使以后讲的都懂不得。如印成书籍，就不至有这个毛病了。

科学的通俗化，是有一个辉煌的传统的。公元一七四一年，普鲁士王大福立德立克把那时一个大数学家欧勒尔（Euler）请到柏林，一直住到一七六六年。欧勒尔在柏林期间，给安赫尔忒得扫（Anhalt-Dessau）的公主写了一连串的信——实在是课文——都是关于物理学的。这些信札的印行（一七六八——一七七二），便是近代通俗科学的诞生。

在十九世纪中，英国有法拉第的《蜡烛史》，有麦克司惠尔的《物质和运动》。这都是通俗科学中的经典。到了二十世纪，从法国班嘉尔的《科学和假设》起，在通俗科学上，出了不少的名著。近来像英国的祈恩司和爱丁顿的作品，可以说兼有科学和文学的长处。一种文字中有了这样的著作，真是用这种文字的人的幸运。从前德国的歌德以为为了读摆伦的作品，便值得学英文。在我看来，为了要读祈恩司和爱丁顿二人的通俗科学书而学英文，似乎更值得。（普通讲起来，科学的著作比文学的著作要容易老；但科学书出自名家的，亦便不容易老，且虽老亦还有许多可以启发人的地方。如麦克司惠尔的《物质和运动》和

《热学》便是例子。）

我们现在急切的需要好的通俗科学书。“中华文化出版委员会”所编印的《现代国民基本知识丛书》中的科学书类，虽然已经有出版的，但种数似乎还应当大大的增加。除此以外，我们似只有一种通俗的科学杂志。通行的杂志，如《学生》、《读书》、《读者文摘》、《民间知识》等每期所载的科学文字，还嫌太少。美国有《科学文摘》，我们似亦可以仿制。

最要紧的还是中等身材的通俗科学书。我以为政府须设法奖励这种书籍；非特要使他们大量出产，并且要使他们品质日益提高。

孔门和科学

研究思想史的人，往往喜欢把孔子比作索格拉底。在索格拉底以前，希腊的哲学家多潜心于自然的研究；大而宇宙，小而原子，上天下地，说个不休。索格拉底出，以为人类不能呼风唤雨，变易四时，则自然的研究，便在人类智力以外；而人类所能讲求的，只有人伦道德。因此，罗马名儒吉格卢说道，“索格拉底是第一个人把哲学从天上搬到地上的。”而我们的孔子，在卜祝巫史的时代以后，独重百姓日用的事物，明孝悌仁爱忠恕信义等等的德行，而摒弃神怪的荒唐。《论语》先进：季路问事鬼神。子曰，“未能事人，焉能事鬼！”曰，“敢问死”。曰，“未知生，焉知死！”在孔子的对于我们中国许多贡献里面，这是一个很大的贡献。我们可以说，在创造“人的学问”上，孔子和索格拉底的确是很相像的。

但就对于自然科学的态度言，则孔子与索格拉底大不相同。索格拉底以为人类没有力量左右自然界的现象，所以自然界的现象不应在人类研究的领域内；而孔子则似乎主张学术万端，应各有专业。“百工居肆以成其事；君子学以致其道。”（《论语》记子夏语）乃是孔门中的常识。樊迟请学稼，子曰：“吾不如老农。”请学为圃，子曰：“吾不如老圃。”（《论语》子路）。这是孔子的老实话。（孔子并不鄙视农圃。他所以骂樊迟为“小人”，只是说樊迟不应当向孔子问这些事情罢了。）我们可以说，孔子对于自然科学所以不深事研究，只是因为没有闲暇，不是因为别的。孔子要他的弟子学诗的一个原因，就是学诗可以“多识于鸟兽草木之名。”这一点就可以证明孔子的看重自然界的学问。

我现在从《论语》里举出两事，以测定孔门中科学知识的程度。

一

《论语》为政，子曰：“为政以德，譬如北辰居其所而众星拱之。”

何晏集解引郑玄曰：“德者无为，譬犹北辰之不移而众星拱之也。”（从皇疏本。）文选运命论注引郑玄论语注曰：“北极谓之北辰。”“北极谓之北辰”，见尔雅释天。李巡云，“北极，天心；居北方，正四时：谓之北辰。”郭璞注略同。朱熹论语集注云：“北辰：北极，天之枢也；居其所，不动也。”朱子语类中并言“北辰是无星处。”在朱子以前，梁祖暅之“以仪准候不动处，在纽星之末犹一度有余”；宋沈括“测天中不动处远极星三度有余”。但自郑玄以下，不是一代大儒，便是历象专家。至于普通的读书人，能够对于这点知道得很清楚的，实在很少。而孔子把北辰作比喻，可见孔子的弟子，对于这事，都是很明了的。

二

论语阳货，佛肸召；子欲往。子路曰：“者由也闻诸夫子曰：‘亲于其身为不善者，君子不入也。’佛肸以中牟叛；子之往也如之何？”子曰，“然，有是言也。不曰‘坚’乎——‘磨而不磷！’不曰‘白’乎——‘涅而不缁！’吾岂匏瓜也哉！焉能系而不食！”

何晏集解云：“匏，瓠也。言匏瓜得系一处者，不食故也。吾自食物，当东西南北，不得如不食之物系滞一处。”朱熹集注云，“匏，瓠也。匏瓜系于一处而不能饮食；人则不如是也。”匏和瓠是一物的异名，那是毫无疑义的。但匏瓜何以会“系而不食”，则两氏的注解都没有说得清楚；朱氏的说法尤为牵强。实在两说都是错的。

这里的“匏瓜”，应是天星的名字。史记天官书北宫节：“匏瓜，有青黑星守之，鱼盐贵。”司马贞《史记素隐》引荆州占云：“匏瓜，一名天鸡，在河鼓东。”张守节《史记正义》云：“匏瓜五星在离珠北”。孔子意谓：我哪能像天上匏瓜星一样，整年挂着而不为人所采食！（我疑心当时果实的名字，只叫“匏”或“瓠”，天星的名字，才叫“匏瓜”。）“匏瓜不食”，正如《诗》小雅大东篇所谓：“维南有箕，不可以簸扬；维北有斗，不可以挹酒浆。”孔子既对子路讲这个比喻，则子路定必懂得。这可见孔门里边，就是不十分喜欢读书的人，亦有很高的科学知识的。高于何晏，不算稀奇；高于朱熹，则是我们所可注意的。（实在，何晏无论怎样专务玄言，也不应当不知道匏瓜为星名。曹植《洛神赋》：“叹匏瓜之无匹兮，咏牵牛之独处。”阮瑀《止欲赋》：“伤匏瓜之无偶，怨织女之独勤。”这两赋都是显然以匏瓜为星名的。曹、阮与何时代相接，难道连这两赋的文字都不了解么！）

当然，先儒中亦不是没有懂得孔子的话的。梁皇侃《论语义疏》：“一通云：匏瓜，星名也；言人有才智，宜佐时理务为人所用，岂得如匏瓜系天而不可食耶！”宋黄震日钞：“临川应抑之天文图有匏瓜星；其下注引论语，正指星而言。盖星有匏瓜之名，徒系于天而不可食，正与‘维南有箕，不可以簸扬；维北有斗，不可以挹酒浆’同义。”（忆明焦弱侯的《笔乘》中亦记有一则相类似的事情；但手边没有焦氏《笔乘》，不得一校。）作这些说法的人都可以成为“好学深思，心知其意”的。但因朱氏集注为世所宗，所以他们的说法便湮没而不彰了；到了清代刘氏的《论语正义》，还是依违两可。因此，孔门对于科学知识的态度，遂不为人所明了。空疏不学的人，便以为孔子亦当和索格拉底一样轻视自然科学了。这种事情，我们当然不能归咎于孔子的。

青年和科学

讲起科学，大家都知道这个名词有广狭二义。“狭义的科学”，是指自然科学而言：物理、化学、生物学、天文学、地质学、气象学、土壤学、矿物学、病理学、卫生学等等都是。“广义的科学”，则指一切有系统的学问而言；除了自然科学以外，论理学、伦理学、社会学、法律学、经济学、政治学等等，亦得称为科学。

有许多科学，从前学者不把它们当作自然科学看的；现在因为研究方法的变异，已进了自然科学的领域了。如心理学和地理学就是这样的科学。

从二次大战以后，自然科学的重要，几于没有人不知道了。战争固然需要自然科学，和平更需要自然科学。“原子能和平用途”的目标，差不多是全世界文明人类的希望所寄托的。要达到这个目标，自然科学的研究是唯一的途径。

但我觉得现在世俗有一种误解，就是许多人都以为自然科学的用处只在增进物质上的文明，而和人类的精神文明没有关系。要讨论青年的求学问题，似乎应该先在这点上做一件匡谬正俗的功夫。

所谓精神文明，当指人类道德的观念和社会的组织各端而言。譬如仁义的敷教，法律的制定，都是精神文明范围以内的事。我们知道法律的制定，必须根据若干自然科学的知识的；自然科学愈进步，则根据这些科学而制定的法律必更适合于文明人群的需要。这是很容易知道的事情。至于“博爱之谓仁”，“行而宜之之谓义”，亦不是每个人照着自己的意思可以定得好的。应当怎样去“博爱”？怎样才算“行而宜之”？对于这样的问题，我们亦必须靠自然科学的知识才可以得到较正确的解答。且举一个极普通的例作说明：慈母的爱子，无微不至；但在自然科学知识没有普及的地方，儿女有病，他们的“慈母”往往只知道求神问卜，而不知道利用较为进步的现代医学。我们不能说这个慈母没有仁爱；但我们能够说这个慈母的爱表现得适当么？凡没有现代科学知识而保存我们民族“固有道德”的人，都应该以这种慈母为鉴戒。

我们应该知道，我们的物质生活，固然需要自然科学的知识；我们的精神生活也一样的需要自然科学的知识。我对于能够学自然科学的青年，实在怀有极大的希望。

但我并不主张有志求学的青年都走入自然科学一途。一个有志求学的青年，须选择最近于自己性情的学科。这样，这个青年才能在学问上得到成就。若使一个青年去学性所不近的学科，则非特是这个青年自身的损失，亦是国家和社会的损失。

我们承认自然科学的重要，并不是说其他的科学不重要。从实用的立场讲，一个人的学问，只要学得好，无论是自然科学或社会科学，对于社会或国家是有同样的重要性的。我们的国家，工业落后；我们需要自然科学家，事理至为明显。自然科学家愈多，我们的工业农业和医学必愈进步，我们的生活亦必愈优裕。但一个社会所需要的，不止理、工、农、医的人才；文、法的人才，亦不是一天可缺少的。一个国家能够一天没有法律么？能够一天没有教育么？一个青年，能够在自然科学上有成就，固然是大有助于国家的；一个青年能够在人文科学或社会科学上有成就，对国家或社会的贡献并不在一个原子专家以下。

我们的青年应该知道：一个专心致志的教师，一个清勤明察的官吏，一个启发意志的诗人，在社会的价值，并不下于一个原子专家。就缓急先后讲，一个好教师和一个好官吏，对我们中国或更迫切些！

普通人还有一种错误的见解。他们以为学自然科学难，学文科或法科容易。这种见解上的错误，流弊颇不小。学文、法科的学生，存有容易的成见便会粗心大意。无论对于哪一种学问，一有粗心大意，就难有成就了。况且就理论上讲，要学的好，各种学问都不容易；就事实上讲，人文或社会科学，比自然科学还要难些。自然科学，一切以实验为根据，条理容易把握。中才以上，苟能循序渐进，都可以在自然科学上有点收获。人文科学或社会科学，以系统或条理讲，没有几种能够比得上自然科学的。所以学人文或社会科学的人，差不多没有十分固定的途径可循，没有完全妥当的方法可用。同治一种学问的人，意见互异：见仁见智，莫衷一是。在这种情形里，当然就有困难了。宋时苏老泉有言：“月晕而风，础润而雨：人人知之。人事之推移，理势之相因，其疏阔而难知、变化而不可测者，孰与天地阴阳之事！而贤者有不知；其何故也？好恶乱其中，而利害夺其外也。”苏老泉这一段话，有几句可以说是对的，有几句是不对的。他以为天地阴阳的事情比人事难知，这是不对的。这个见解，和普通人以为自然科学难于人文或社会科学的见解有同样的错误。至于他的“好恶乱其中、利害夺其外”的意思，实含有至理。人文或社会科学所以难于自然科学，就在这“好恶、利害”的主观上面；学自然科学的人，虽然也有偏见，但一经衡度，偏见就不能存在了。

说到这里，我们可以讲一讲科学的精神了。学自然科学的人，衡度是最重要的工具；信赖衡度，泯除偏见，便是最正当的方法。人文或社会科学，还没有到了可以完全用衡度的地步，所以“好恶，利害”到处为祟。一个人文或社会学者，如果能够泯除他的主观或偏见，一切以事实为论断的根据，便算能够运用科学的精神以研究学问了。这种“无意、无必、无固、无我”的“心习”，有时亦可从研究自然科学而养成。所以学人文或社会科学的人，能够先从事于几种基本的自然科学，非特知识的根底可以深固，即在“心习”上亦可以得到益处。固然不是每个学自然科学的人都可以达到心平气和的地步，但从事自然科学实在是一种最好的修养“心习”的方法。一种好习惯，必须苦功练习才能养成。何况是值得称作“科学的精神”的“心习”呢！

总之，无论哪种科学，只要学得好，对于人类社会是一样有价值的。人文或社会科学，对于国家，至少和自然科学一样重要。“无意、无必、无固、无我”，是做学问最好的“心习”，就是“科学的精神”。这种“心习”，有时可以从学习自然科学养成。这种修养，虽然并不是容易功成的，但值得每个有志学问的青年去努力。

第三辑

《容忍与自由》书后

胡适之先生发表《容忍与自由》一文以后，许多朋友以为我一向亦是一个“容忍主义”者，要我写一篇文章来凑热闹。

如果我能够稍微申明胡先生的意思，这是我所愿意做的事情。

就“自由”一词最好的意义讲，它可说是人类文化史上最宝贵的东西。所以，能够不妨害别人的正当自由，乃是一个人的一种基本的道德。反之，一个人如果做出妨害别人的正当自由的事情，乃是最不道德的。不过人类虽然可以称为文明的动物，却没有完全到了文明的境地。绝大多数的人，都不能无偏、无党、无固、无我。一个人不能无偏、无党、无固、无我，便很容易会妨害人家的正当自由。但一个人要修养到“四无”的境地，如非天纵的大圣，便须有极艰苦的克己的功夫。这种克己的功夫，表现于言行的，即是“容忍”。胡先生说：“容忍是一切自由的根本；没有容忍，就没有自由。”我以为“克己”是胡先生所说的“容忍”的一个意义。

在现代一个民主国家，非特官吏和议员需要虚心听取别人的意见，即每一个公民亦须这样。但虚心听取别人意见的雅量，亦非有很好的修养不能。具有这种修养的，千万人里恐怕亦难得几个。平常人所以肯听从别人的话，多半不是由于修养，而是迫于社会制定的规则。小而会议规则，大而国家的宪法或“世界人权宣言”，都是这种规则的例子。一个人要遵守规则，有时便不能从心所欲。这种守法的习惯，是民主政治的基础，亦是人类获得真正自由的基础。我以为“守法”亦是胡先生所说的“容忍”的一个意义。

不过胡先生所说的“容忍”，并不是一味的优容，一味的强忍；它亦有哲学的基础。

一九四六年的秋天，胡先生就任北大校长后作一次开学礼的讲演。他在这个讲演里，曾引了吕伯恭“善未易明、理未易察”的话来做纲领。胡先生所说的“容忍”的哲学的基础，就是“理未易明”的道理。（在吕伯恭后，朱元晦答陆子静书中曾用过“理未易明”这句话。）

现代文明国家的宪法，都规定人民有思想自由和言论自由的权利。这种规定，可以说是根据“理未易明”的道理的。因为理未易明，一部分人或大部分人所认为对的不见得便对，所认为错的不见得便错。所以无论哪一个人有什么意见，只要不是全不带理性的，都可以发表。但人和人中间不能没有思想上或言论上的不同。彼此自由，必致彼此冲突。只有我们心里时时记得“理未易明”的道理，才能忍耐或接受和自己不同的思想和言论。

这个理未易明的道理，可以说是十九世纪末叶詹姆士和杜威诸人创立实验主义时所根据的一种重要的原则。近代英美思想家所以卓绝，就在他们能够善用这个原则于人生的各方面。胡先生在四十年前介绍实验主义于我们的学术界，实在是我们学术史上一件极值得纪念的事情。

当胡先生这篇文章初发表的时候，朋友中颇有怀疑他为什么忽然要变更他的争取自由的态度的。他不是一向主张“自由是要人们去争取的”么？以容忍和自由混为一谈，那还能争取自由么！

这种怀疑，初听起来似乎是很有道理的。但稍加思维，便可释去。胡先生的容忍态度，可以说是和他的实验主义俱生的；是在他引用吕伯恭“善未易明、理未易察”以前便具有了。关于争取自由一事，就我一向了解胡先生的而言，决不会因为提倡容忍而罢休的。

不过胡先生的争取自由，既不用武力，又不用漫骂，更不用阴谋诡计。用这些东西做争取自由的工具，乃是他生平所厌恶的事情。就言论自由一端而讲，他是最希望我们中国有真正言论自由的报纸和杂志的，因为这是民主政治的命脉所在。但胡先生所提倡的言论，是平正的言论，是诚信的言论；是善意的劝说，不是恶声的骂詈。他对于压制言论自由的人固然不以为然，对于偏激失中的言论亦所不取。他所以发表《容忍与自由》这篇文章，并不是叫人家不要去争取自由，乃是要劝告争取自由的人须懂得“理未易明”的道理，须有“克己”的功夫，须有“守法”的精神。就笔者四十年来的观察而言，胡先生从没有一天疏忽了“厚责己而薄责人”的态度。我想，他这篇文章，无论要争取自由的人或应该容纳他人意见的人，仔细读了以后，都可得到很大的益处。

以上是笔者试图申明胡先生意思的话；希望没有“郢书燕说”的地方！

关于国家和个人自由的问题，笔者亦愿在这里发表一点鄙见：建立国家最大的目的，就在保护国民的自由。所以我们不能因国家而损害国民的自由。但若国家败坏，则国民的生存且成问题，何况自由！这是争自由的人所不可不知道的。一个真正伟大的政治家，既能使国家维持适宜的权力，同时又能使人民的正当自由得以尽量发展。

我们应当怎样处这个新时代？

近来我们常接到读者来书，对于我们这个刊物，贡献了许多宝贵的意见。这是我们所衷情感谢的。我们对于这些意见，当然要尽量采用。不过有一种意见，用心固然很好，但不免和我们原来意思有点隔阂的地方，所以我们对它不能不略作解释。希望这个解释可以使我们的立场更明显一点！

一位读者以为我们这个刊物近来好像有点陈腐，赶不上这个新时代了。有一位读者则以为我们这个刊物，没有能够代表新的“时代”而有所作为；对新的东西介绍得不够，对新的方向推动得不够。据我们的观察，对我们这个刊物有这样一种印象的，决不止这两位。就是跟我们时常接触的朋友，亦屡次在言谈中间发表类似的意见。他们总以为我们这个刊物既然以“新时代”命名，便应当时时刻刻注意到“新”，注意到“时代”。为什么这个刊物的每一期不登一些新奇可喜的论文呢？至少每一期里面一两篇这样的文章总应该有的！

我们敢说，我们决不会忘记了我们取名的意义，更不会忘记我们创办这个刊物的旨趣。我们以我们民族——实在可以说，我们现代的人类——处在这个时代，决不能再因循苟安和夜郎自大了。我们应当尽我们的力量赶上现代知识的水准；我们应当依着现代科学的知识以安排我们的生活。我们的生活方式，——无论是精神的或物质的，——就是我们民族的文化。我们要我们民族的文化比得上世界上任何文明民族的文化，我们最要紧的事情就是使我们民族的知识水准不落后；就是说，我们在科学上可以和先进国家并驾齐驱。向这样一个方向推动，的确是我们这个刊物最大目标之一。我们相信，这一年半来，我们从没有一息功夫忘记这个目标；我们相信，这样一个目标，是不会旧的，是不会陈腐的。我们的问题，完全是方法上的问题。

在过去一年半的时间里，我们差不多全是依着一个比较固定的方针做的。在自然科学的领域里，我们总希望我们的青年不要大家都聚集在应用科学上面，而有少数人能注意到基本科学。所以我们总希望这个刊物里登载些对基本科学具有指导作用的文章。我们非特登载了王九逵和王先两先生的论著，我们并且译了英国Andrade 的《物理学是什么？》来作补充。（这三篇文章，都载在本刊一卷五期。）我们知道，从“时代”的观点来讲，自然科学里面当然还有比这些更时髦、更重要的题目。但我们并不愿意追逐时髦；我们总想首先引起青年“物有本末、事有终始”的观念，使大家知道有许多基本科学是重要中最重要的。可惜，这一类的文章，得来不易。非出自“绩学之士”的手笔的，我们不敢要；出自绩学之士的手笔而普通青年人不易了解的，我们亦不敢要。但我们以为，这一类的文章愈多愈好。如果我们得不到本土学者的协助，我们只好多载译文了。

我们所以这样做，最重要的理由当然是因为我们着眼在我们的教育上。我们是希望我们国家的科学立刻赶上世界上文明先进国家的科学的。但我们赶上的方法，重在“盈科而后进”。我们当然希望我们的青年有搞氢弹、搞火箭的，但我们更希望我们的青年有在化学和物理的基本原理上作重要贡献的。我们始终主张我们要学核子物理或太空科学的青年都应当在现代物理和现代化学上有根底极深的知识。我们在印出一篇关于原子加速器的文章或一张关于太空飞行的图片等，往往迟疑再三；因为我们虽然知道我们这个刊物有时使读者“一新耳目”的必要，但我们总怕犯着“舍本逐末”的毛病。我们这种“循序渐进”的教育观点，想当为当世贤达所许与的。

虽然自然科学的重要是我们所深切了解的，但我们以为人文科学以及社会科学和自然科学有同样的重要。我们以为人类应用现代科学知识以范围生活，应以自然科学为经，而以人文科学和社会科学为纬。（这里的“经”“纬”二字，是随便用的，并没有轻重的分别。）自然科学在应用上是“中性”的。它可以带给人类无穷的幸福，亦可以带给人类莫大的灾害。要利用现代自然科学的知识以增进人类的幸福而使它不至为人类的灾害，则非有现代人文科学和社会科学所给予我们的智慧来做指导不可。

讲到这里，我们不得不插进一段分辨的话。我们说：要利用自然科学，非以人文科学和社会科学为指导不可。其实，现代大部分的人文科学和社会科学，是用了许多自然科学的知识来做基石的。譬如：统计学是各种社会科学的基石，是人人所知道的；生理学和心理学的为大多数人文科学和社会科学的基石，则亦为明显的事实。从这种事实想起来，我们可以约略看出各科知识是互相关联而不能画出很清楚的界限的。至于自然科学中各科相互的关系，更不用讲了。（本卷二期李济先生的文章说到治史须懂些自然科学。）

对于政治和社会的问题，以及文化的问题，我们将不变的主张民主，主张自由，主张个性主义。但我们反对借口民主而要使政府懦弱无能而失去作用的人；反对借口自由而要使社会成为无政府状态的人；反对借口个性主义以图自私自利的人。我们所主张的民主，可以说是"无固无我"原则的应用；所主张的自由，可以说是"忠恕"道理的扩充；所主张的"个性主义"，可以说是"匹夫不可夺志"的意思的尊重。这三种德操，实在是同出于"己欲立而立人，己欲达而达人"的原则的。在人类生活的大经大法上，先哲有懿训的，我们尽可不必标新立异。但我们在实行上，一切须遵依现代科学所给予我们的知识。譬如：我们的亲属生病，我们自己如果不是一个合格的医师，我们便应当请个精通现代医术的人治疗；我们必不可以信赖毫没有正当根据的古方，更不可以想从求神问卜的途径而使病人恢复健康。一个为父母疾病而求神问卜的儿子，和一个把有病的父母送到设备最完善的医院以求诊治的儿子，孝心可能一样，但实效必不大相同。一个有时代觉悟的人，必不应该再有求神问卜或相信陈腐医术的愚事了。子女对于父母的孝心，虽然可以千古不变，但行孝的方法，则是应该随时代而进步的。这个比喻的意义，我们可以推到所有政治、社会、文化的问题上。懂得这个比喻的道理，则许多中西、新旧的争论，便会像薄冰的见到强烈的太阳而自然溶化了！

上面的陈述，多多少少可以说明我们这个刊物"对新的东西介绍得不够、对新的方向推动得不够"的一部分原因了。但我们更可从一年半来的经验里挑出一两个例子谈一谈我们的态度。对于人口问题，我们在创刊号便登载张研田先生的文章了；在第二期又登载了施建先生的文章；在第八期并且发表一篇提倡"计划家庭"的社论。我们以为这是我们对国家、对民族一种重要的讨论，所以不厌其烦。而社会对我们的主张，好像并没有什么明显的反应。这是无可奈何的事情。但社会的行动，亦有使我们生意外的欣悦的：我们曾在这个刊物第一卷第六期的社论里，主张中医学院应请一个对现代医学内行的学者做院长；后来台中中医学院的新院长果然是一位西医出身的人物。这固然未必由于我们这篇社论的影响，但总是可喜的事情。不过后来又听说有一位"立法委员"竟因西医出身的人来长中医学院而向"教育部"提出质问！这又是无可奈何的事情。但我们立定一个方针：我们对于社会问题，如有一知半解，足以使社会改变得好一点的，我们将在适当的时候把老话提出再讲。我们希望凭我们的诚心，终必得到最后的效验。

我们这个刊物的任务，与其说是介绍新的事物，毋宁说是养成深思明辨的习惯。我们以为新的事物的知识，只有在讲堂上，教科书上，专门杂志上和实验室中得来的方为可靠。像我们这个刊物，主要的目的只在诱使青年人对于各种事物能够平心静气地依照现代知识的指示去思虑。只有这个是我们民族所应该遵循的“新方向”。我们国家里有许多能够这样“思虑”的人，我们的社会便可日趋于健全，而我们的国运便可日新了。

第四辑

胡适传 (节选)

胡先生，名适，字适之。父亲胡传，为安徽绩溪人，住绩溪八都上庄。一九四〇年十二月十五日，上庄村人为庆祝适之先生五十岁生日，将上庄村改为适之村。

胡传先生，字铁花，又字守三。曾宦游东三省、广东等地；最后任台湾省台东直隶州知州，兼统镇海后军各营。据顾廷龙转述王胜之讲到铁花先生的话，说“先生治朴学，工吟咏；性乐易，无城府。兴至，陈说古今，议论滂涌，一座皆倾。体干充实，能自刻苦。”这可以说是一个同时人对他最实在的描写。除了铁花先生的实事求是的精神表现于形式上的以外，从他遗下的关于地理的著述和《在台的日记和禀启》，我们亦可以知道他是一个有见识和魄力的学者了。

先生在他的《四十自述》中，曾提到他三岁多时在绩溪家乡进蒙馆时所读的第一部书是他父亲编写的一部四言韵文，叫做《学为人诗》。我们现在照先生所记的这首诗的前几行和最后三节录在这里，以存铁花先生思想的一斑：

为人之道，在率其性。子臣弟友，循理之正，谨乎庸言，免乎庸行。以学为人，以期作圣。

……

名分攸关，不容稍紊。义之所在，身可以殉；求仁得仁，无所尤怨。

古之学者，察于人伦：因亲及亲，九族克敦；因爱推爱，万物同仁。能尽其性，斯为圣人。

经籍所载，师儒所述，为人之道，非有他术。穷理致知，返躬践实；黾勉于学，守道勿失。

铁花先生结过三次婚。头一次是和冯女士；冯女士死于太平天国的兵乱。第二次和曹女士；曹女士在生了三男三女以后，死于清光绪四年。隔了十一年，第三次结婚，是和同县七都中屯冯顺弟女士；她就是适之先生的母亲。结婚时，铁花先生四十七岁，而冯顺弟女士才十七岁。结婚后不久，铁花先生便接她到上海去住。他们的年纪虽然相差很多，但他们的生活好像过得很正常而很愉快。光绪十七年十一月十七日（西历一八九一年十二月十七日），适之先生出生于上海大东门莲花池他父母的寓所。

先生出世满两个月，铁花先生被台湾巡抚邵友濂奏调往台湾。他于光绪十八年二月底单身到台湾，而先生和他的母亲则于十九年二月二十六日（一八九三年四月十二日）才从上海到台湾，住在台南。那年五月，铁花先生做台东直隶州的知州，兼统镇海后军各营。到年底，才把家眷接到台东来。

光绪二十——甲午——年（西历一八九四），中日战争发生，台湾的情势也很紧张。铁花先生便把家眷送回徽州故乡。先生和他的母亲，于光绪二十一年正月离开台湾，二月初十日从上海启程回绩溪。二十一年四月，中日和议成，台湾割归日本。台湾的割归日本，台湾人民群起反对，要求巡抚唐景崧坚守，并公请唐为台湾民主国的大总统，帮办军务刘永福为主军大总统。铁花先生在台东，电报已不通，饷源已断绝，而且因为得了脚气病，左脚已不能行动。他守到闰五月初三日，才离开后山。到了安平，刘永福留他帮忙，不肯放行。到了六月廿五日，双脚都已不能动，刘永福才让他离台。六月廿八日到厦门，手足都不能动了；七月初三日死于厦门，“成为东亚第一个民主国的一个牺牲者”。

先生的父亲去世时，他的母亲只有二十三岁。铁花先生临死前两个多月，曾写了几张遗嘱。他的太太和四个儿子各有一张。给他太太的遗嘱上说：穈儿（适之先生在家族中的名字叫嗣穈）天资颇聪明，应该令他读书。给适之先生的遗嘱，也教他努力读书上进。适之先生后来说，“这寥寥几句话，在我的一生很有重大的影响。”（《四十自述》页一七）理由是：适之先生的母亲，当然很希望她的儿子能够读书；但若没有铁花先生的遗嘱，恐怕也没有法子使她的儿子得读书。我们现在想起来，铁花先生寥寥几句话的遗嘱，实在是对我们这一代的中国文化有重大的影响的！

不过这位冯夫人非特能够执行她丈夫的遗嘱，并且能够把它执行得很好。当时绩溪乡间蒙馆的学金，每人一年只有两块银元，而冯夫人替他这个不满四岁的儿子第一年便送学金六块银元；以后每年增加，最后一年到十二元。她嘱托她儿子的前后两位老师替她儿子“讲书”。读了一个字，必须讲到这个字的意思；读了一句书，必须讲这句书的意思。据先生的自述：“我一生最得力的是讲书：父亲、母亲为我讲方字；两位老师为我讲书。”（自述页二三）

这位母亲，不止能够培植儿子读书，也能够以“身教”。先生在他的《四十自述》里说，“我在母亲的教训之下住了九年，受了她的极大极深的影响。我十四岁（其实只有十二岁零两三个月）就离开她了。在这广漠的人海里独自混了二十多年，没有一个人管束过我。如果我学得一丝一毫好脾气，如果我学得了一点点待人接物的和气，如果我能宽恕人，体谅人，——我都得感谢我的慈母。”（自述页三二）

先生的开始认字，当在台东州的时候。那是他满两岁不久，他的父亲把教冯夫人的红纸方字教他认。“父亲作教师，母亲便在旁作助教。我认的是生字，她便借此温她的熟字。他太忙时，她就是代理教师。我们离开台湾时，她认得近千字，我也认得七百多字。这些方字都是我父亲亲手写的楷字；我母亲终身保存着，因为这些方块红笺上都是我们三个人的最神圣的团居生活的纪念。”（自述页十七）

先生回到家乡进学堂的时候，名为五岁，实只有三岁零几个月。他因为已认得近一千字，所以不须念《三字经》、《千字文》等，而念他父亲编的《学为人诗》。接上，第二部书是他父亲编的《原学》，亦是四言韵文；第三部书是《律诗六抄》。以后，四，《孝经》；五，《朱子小学》；六，《论语》；七，《孟子》；八，《大学》、《中庸》；九，《诗经》；十，《书经》；十一，《易经》；十二，《礼记》。

当他九岁时，有一天他在他学塾后边一间待客的卧室中发现一本小字木板的第五才子的残卷。这个残卷，引起他看小说的欲望；从此到处去借小说看。他在他三哥书架上又寻得《红楼梦》、《儒林外史》、《聊斋志异》三书。到他离开家乡时，已经看过三十多部小说。他从那些白话小说中，得到不少的白话散文的训练。

他在自述中曾说：“《周颂》、《尚书》、《周易》等书，都是不能帮助我作通顺的文字的；但小说书却给了我绝大的帮助。我十二三岁时，已能对本家姊妹们讲说聊斋故事了。他们绣花做鞋，我讲凤仙、莲香、张鸿渐、江城。这样的讲书，逼我把古文的故事翻译成绩溪土话，使我更了解古文的文理。所以我到十四岁来上海开始作古文时，就能做很像样的文字了。”（自述页二六-七）

除了经书和小说外，他在家乡九年里面，点读了《资治通鉴》。他所以在十一、二岁便变成一个无神论者，乃起因于读《资治通鉴》。他自已说："有一天，我读到《资治通鉴》第一百三十六卷，中有一段记范缜反对佛教的故事，说：

缜著神灭论，以为'形者神之质，神者形之用也。神之于形，尤利之于刀。未有刀没而利存，岂容形亡而神在哉！'此论出，朝野喧哗，虽之终不能屈。

我先已读司马光论地狱的话了，所以我读了这一段议论，觉得非常明白，非常有理。……从此以后，我不知不觉的成了一个无鬼无神的人。"（自述页三八）

光绪三十年（西历1904）的春天，先生的三哥要到上海医治脚病，他的母亲便决定叫他跟他的三哥到上海去求学。他进了他父亲的好友（张焕纶先生）所办的梅溪学堂。课程很不完备，只有国文、算学、英文三科。

次年，先生改进叶成忠先生所办的澄衷学堂。澄衷的学科比较完备；国文英文算学之外，还有物理化学博物图书等科。在这个时候，先生对于算学最感兴趣。他买了一部丁福保编的代数书；在一个夏天，把初等代数习完了，下半年便升了一班。

"澄衷的教员之中，我受了杨千里先生（天骥）的影响最大。人都说他思想很新。我去看他，他很鼓励我，在我的作文稿本上题了'言论自由'四个字。后来我在东一斋和西一斋，他都做过国文教员。有一次，他教我们班上买吴汝纶删节的严复译本《天演论》来做读本。这是我第一次读《天演论》，高兴得很。他出作文的题目也很特别，有一次的题目是：'物竞天择，适者生存，试申其义。'这种题目，自然不是十几岁小孩子所能发挥的；但读《天演论》，做'物竞天择'的文章，都可以代表那个时代的风气。"（自述页四九）

先生的名字，也和这个风气有关系。

我在学堂里的名字是胡洪骍。有一天的早晨，我请我二哥代我想一个表字，二哥一面洗脸，一面说，"就用'物竞天择、适者生存'的'适'字，好不好？"我很高兴，就用"适之"二字。（二哥字绍之，三哥字振之。）后来我发表文字，偶然用胡适作笔名。直到考试留美官费时（一九一〇），我才正式用胡适的名字。（自述页五〇）

先生从家乡到上海的那一年，思想上便有激烈的变动了。第二年进了澄衷以后，听到新的东西更多，当然有更大的变动。他自己说，“我在澄衷一年半，看了一些课外的书籍。严复译的《群己权界论》，像是在这时代读的。严先生的文字太古雅，所以少年人受他的影响没有梁启超的影响大。……我个人受了梁先生无穷的恩惠。现在想起来，有两点最分明。第一是他的《新民说》，第二是他的《中国学术思想变迁之大势》……《新民说》给我开辟了一个新世界，使我相信中国之外还有很高等的民族，很高等的文化；《中国学术思想变迁之大势》也给我开辟一个新世界，使我知道四书五经之外中国还有学术思想。”（自述页五二）

先生的《中国哲学史》，亦是起因于读梁启超《中国学术思想变迁之大势》那篇文章。梁氏这部学术史，几个重要的部分，都没有写出来。这种情形，使他失望，因而他自己便有著述的志向。他说：“我在那失望时期，自己忽发野心，心想：‘我将来若能替梁任公先生补作这几章缺了的中国学术思想史，岂不是很光荣的事业？’我越想越高兴；虽然不敢告诉人，却真打定主意做这件事了。这一点野心，就是我后来做中国哲学史的种子。我从那时候起，就留心读周秦诸子的书。我二哥劝我读朱子的《近思录》。这是我读理学的第一部。梁先生的《德育鉴》和《节本明儒学案》，也是这个时期出来的。这些书引我去读宋明理学书，但我读的并不多；只读了王守仁的《传习录》和《正谊堂丛书》内的《程朱语录》。”（自述页五三——四）

先生在澄衷一年半，于光绪三十二年（一九0六）暑后转进中国公学。不久，他就加入一个竞业学会。竞业学会的第一件事就是创办一个白话的旬报，叫做《竞业旬报》。旬报的宗旨，名为一振兴教育，二提倡民气，三改良社会，四主张自治，其实是要鼓吹革命。办报的人，要把革命思想“传布于小学校之青年国民”，所以决定用白话文。

《竞业旬报》的第一期是光绪三十二年九月十一日出版的。这一期里就有胡先生一篇《地理学》，署名期自胜生。“那时我正读《老子》，爱上了‘自胜者强’一句话，所以取了个别字叫希强，又自称期自胜生。这篇文字是我的第一篇白话文字。”（自述页六一）

做了一个月的白话文，他决心做一部长篇的章回小说。这个小说的题目叫做《真如岛》，用意是“破除迷信，开通民智”。一共四十回，第一回就在旬报的第三期（那年十月初一日出版的）上发表。旬报出到第十期停刊时，这篇小说出到第六回。光绪三十四年三月十一日，旬报复活，因没有人负责编辑，所以胡先生“也不大高兴投稿”。到了七月，旬报从第二十四期归胡先生编辑。这以后十五期上面，胡先生做了不少文字；有时全期的文字，差不多都是胡先生做的。《真如岛》也从第二十四期起继续下去，到旬报停刊时，续到第十一回。这个时期，他用铁儿做笔名。

“这几十期的《竞业旬报》，不但给了我一个发表思想和整理思想的机会，还给了我一年多作白话文的训练。清朝末年出了不少白话报如《中国白话报》、《杭州白话报》、《安徽俗话报》、《宁波白话报》、《潮州白话报》，都没有长久的寿命。《竞业旬报》出到四十期，要算是最长寿的白话报了。我不知道我那几十篇文字在当时有什么影响，但我知道这一年多的训练给了我自己绝大的好处。白话文从此成了我的一种工具；七八年之后，这件工具使我能够在中国文学革命的运动里做一个开路的工人。”（自述页六七—八）

先生在中国公学不到半年，便因脚气病告假住在上海南市他二哥有股子的瑞兴泰茶叶店里养病。他的做诗的兴趣，便是在这个养病期间偶然翻读到吴汝纶所选的《古诗歌》（吴氏所选古文读本的第四册）所引起的。“我在病脚气的几个月之中，发见了一个新世界，同时也决定了我一生的命运。我从此走上了文学史的路。后来几次想走到自然科学路上去，但兴趣已深，习惯已成，终无法挽回了。”（自述页六九）

光绪三十四年九月，中国公学里发生了大风潮：大部分的学生退出学校，另组成一个中国新公学。先生亦在退学的学生中。当时因为这个新学校的经费困难，管教务的李先生就请先生担任低级各班的英文，每星期教课三十点钟，月薪八十元。先生亦因为自己经济状况不好，便答应了；一直教到宣统元年冬天中国新公学解散时为止。

中国新公学解散后，先生便没有再进新旧合并的中国公学。他从新公学出来，和一班浪漫的朋友住在一起，便将打牌、喝酒、吃花酒那些恶习都学会了。有一个晚上，因酒醉在大街上闹出乱子；第二天醒来发觉身在巡捕房。罚款回寓后，“我在镜子里看见我脸上的伤痕和浑身的泥湿，忍不住叹了一口气，想起‘天生我材必有用’的诗句，心里万分懊悔，觉得对不住我的慈母，——我那在家乡时时刻刻想念着我、期望着我的慈母！我没有掉一滴眼泪，但是我已经过了一次精神上的大转机。”（自述页八八）那时先生本在华童公学教小学生的国文的，因觉得他的行为玷辱了那个学校的名誉，当天在床上便写信去辞职。

那一年（宣统二年）是考试留美赔款官费生的第二年。先生因决定关起门来预备投考。两个月后，便同他的二哥往北京应试。榜发后，被录取在出洋的名额中。八月十六日，从上海乘船赴美。

那年九月，先生进绮色佳康南耳大学，选读农科。经过一年半，乃改习政治、经济，兼治文学、哲学。一九一三年六月，毕业于康南耳大学，得学士学位。

先生在康南耳的第二年，作《诗三百篇言字解》。这是先生用新方法以研究古书的开始。这篇文章的稿子，是一九一一年五月十一夜写成的。八月里，先生写成《康南耳传》。我们读先生这传，知道先生后来致力于国家的教育事业，盖亦由于青年时期多识贤哲懿行的修养。一九一三年，先生被举为世界学生会会长，又和赵元任、胡达（明复）同被举为Phi Beta Kappa的会员。一九一四年五月，先生得卜朗吟征文奖金，论文题为“A Defence of Browning’s Optimism”。六月十七日，参与康南耳大学毕业典礼。七月四日，与张耘讨论统一读音法。七月二十九日，在日记里写“标点符号释例”一段，这是一年后在《科学》所发表的《论句读及文字符号》那篇文章和五年后《请颁行新式标点符号议案》那篇文章的椎轮。十二月三日，先生译《诗经木瓜篇》的一章为英文。一九一五年一月十九日，在波士顿卜郎吟会演说，题为“Confucianism and the Philosophy of Browning”。

先生于一九一五年九月二十日，由绮色佳赴纽约，进哥伦比亚大学，专攻哲学。那时候，杜威（John Dewey）是哥伦比亚大学的哲学部长；先生的受业于杜威，可以说从这个时候起，但先生在这一年的暑假里，便已发奋尽读杜威的著作，并且写了详细的英文提要了。“从此以后，实验主义成了我的生活和思想的一个向导，成了我自己的哲学基础。……我写《先秦名学史》《中国哲学史》，都是受那一派思想的指导；我的文学革命主张也是实验主义的一种表现。《尝试集》的题名就是一个证据。”（《胡适留学日记》自序）

一九一六年二月，先生致梅光迪一信，论“文学改良”。这封信的大意是：“今日文学大病，在于徒有形式而无精神，徒有文而无质，徒有铿锵之韵、貌似之辞而已。今欲救此文胜之弊，宜从三事人手：第一，须言之有物；第二，须讲文法；第三，当用‘文之文字’时，不可避之。三者皆以质救文胜之敝也”。（日记页八四四）后来经过半年的讨论，到了八月十九日，他写信给朱经农有这样一段：“新文学之要点，约有八事：1.不用典。2.不用陈套语。3.不讲对仗。4.不避俗字俗语。（不嫌以白话作诗词。）5.须讲求文法。——以上为形式的方面。6.不作无病之呻吟。7.不摹仿古人。8.须言之有物。——以上为精神（内容）的方面。”在十月中，先生写信给陈独秀，提出“文学革命”的八个条件，也就用这个次序。不久，他写了一篇《文学改良刍议》，用复写纸抄了两份，一份给《留美学生季报》发表，一份寄给陈独秀在《新青年》上发表。在这篇文章里，八件事的名义可以说没有什么更改，但次序上却大变了。在这篇文章里，这八件事的次序是这样的：1.须言之有物；2.不摹仿古人；3.须讲求文法；4.不作无病之呻吟；5.务去滥调套语；6.不用典；7.不讲对仗；8.不避俗字俗语。据先生后来自己解释，“不避俗字俗语”这一条，就是“很郑重的提出我的白话文学的主张”。

这篇文章，是在一九一七年一月一日出版的《新青年》（二卷五号）上发表的。那时陈独秀在北大做文学院长，所以北大的教授和学生首先对于这个问题发生兴趣。当时教授中的钱玄同，学生中的傅斯年，都是首先赞同适之先生主张的。他们都是“国学”很有根底的人，都是文言文写得很好的人。这个“文学改良”的运动，从此便风行全国了。这是我们中国从有文字以来几千年中间关于文字的第一件大事情。无论在民生日用上，或是在讲道德、说仁义上，这个“改良”都可以说是十分必要而且是最适当的。一九一七年四月十六日，先生写成《诸子不出于王官论》；这是一篇最足以表现作者在学术史上卓越见识的文章。二十七日，他的博士论文A Study of the Development of Logical Method in Ancient China（《中国古代哲学方法之进化史》）写成，约九万字。五月，他写了《历史的文学观念论》一文（载在《新青年》三卷三号）。二十二日，先生考过博士学位的最后考试（口试）。二十九日，辞别杜威教授。杜威说明胡先生的关心于国际政局之问题乃过于别的事情。六月九日，离纽约；二十一日，到文古瓦（Vancouver）；二十一日，上船（日本皇后号）回国；七月十日，到上海。

先生在美国时，北京大学校长蔡元培先生即函聘先生任北京大学教授。一九一七年八月，先生从绩溪动身到校。十二月，回绩溪与江冬秀女士结婚；一九一八年一月中回校授课。江女士则于这年夏天北上。

一九一八年三月十五日，先生在北大国文研究所小说科讲演，题目为《论短篇小说》。（原稿由研究员傅斯年记出，载在《北京大学日刊》）四月，作《建设的文学革命论》，说，“我的建设新文学论的唯一宗旨，只有十个大字：‘国语的文学，文学的国语。’我们所提倡的文学革命，只是要替中国创造一种国语的文学。有了国语的文学，方才可有文学的国语。有了文学的国语，我们的国语才可算得真正国语。国语没有文学，便没有生命，便没有价值，便不能成立，便不能发达。这是我这一篇文字的大旨。”

这一年的十一月十三日，先生的母亲冯夫人在绩溪病逝。第二天，先生接家电，即偕夫人奔丧。先生在《四十自述》（页一七）里说，“我母亲二十三岁就做了寡妇；从此以后，又过了二十三年。这二十三年的生活，真是十分痛苦的生活。只因为还有我这一点骨血，她含辛茹苦，把全副希望寄托在我的渺茫不可知的将来。这一点希望，居然使她挣扎着活了二十三年。”

八年二月，先生的《中国哲学史大纲》（卷上）出版，由上海商务印书馆印行。这书是先生初在北大教书那一年写成的。稿子于一九一八年九月便交给商务印书馆了。一个初教书的人，在一年里边，写出这样一部大书（“大”不是指卷帙！），实在是一件极不容易的事情。蔡元培先生在他这书所写的序中称先生为“心灵手敏”，固然不错，但先生当日的专心致志，亦就可以想见了。

不过我们如果想到先生事前的预备，则这部书的产出，亦可以说是很自然的事情。他从三岁到十二岁九年的家乡教育，使他对于中国古代的经典和历史都有相当的根底；他在上海六年半的求学，使他对于学术有较新较广的闻见；他的在美七年的留学，非特使他对于现代比较可靠的思想方法有精深的造诣，并且对于研究学术思想史的方法和工具，都有明确的心得。我们看他于十九岁时作《诗三百篇言字解》，（那时他并没有看过《经传释词》那样的书）我们可以知道他的夙慧。我们看他《尔汝二字之文法》（一九一六年六月七日），《论我吾两字之用法》（一九一六年九月一日夜），《论训诂之学》（一九一六年十二月二十六日），《论校勘之学》（一九一六年十二月二十六日），《汉学家自论其为学方法》（一九一七年四月），《几部论汉学方法的书》（一九一七年四月），《九流出于王官之谬》（四月十一日）诸条“日记”，和他在九个月的时间所写成的九万字的博士论文，我们便可以知道他在回国前对于研究学术史的方法已经有极充分的训练了。一个有了这样预备工夫的学者，得着这样的成绩，是不足奇怪的。

先生的《中国哲学史》，到先生去世的时候，只有上卷行世。许多人对先生没有完成这部《中国哲学史》颇为惋惜。这固然是应该惋惜的事情。从秦汉以后，在中华国土上，也曾产生了许多哲学家，并且有些亦是有很卓越的思想的。

我们若得先生为介绍以认识这些哲学家，则我们对于了解先民思想这件事情，定必有事半功倍的好处。但先生写成中国古代哲学史时，已经把他做学问的方法教给我们了。我们若读了他的古代哲学史而不能自己去研究中古和近世的哲学史，那可以说和没有读一样。若我们真能读书，则先生既做出一个榜样，余下的自然可以由我们自己去做；又何必一定要他一人做到底呢？即令一个时代有一个时代的特别情形，所以我们亦应当用一种特别的方法：那么，他的《淮南王书》，他的《王充》，以及他的《戴东原的哲学》，不是研究中古哲学和近世哲学最好的榜样么？我们当然希望先生能够亲手完成他的《中国哲学史》的；我们也知道先生一直到去世时，常以完成一部《中国思想史》为他一生最大的事业。先生可能希望把自己完成的《中国哲学史》印出来以看看当世学者对于他的著作的意见，但先生决不会想到后一代的读书人一定要等待看到他的著作后才能够自己去研究秦汉以来哲学家的思想的。

美国哲学家杜威应中国共学社的聘请，来华讲学，于一九一九年五月一日到上海。先生先期从北方到上海欢迎。他写他的《中国哲学史大纲》的“再版自序”时（五月三日），他在上海；“五四”那一天，他亦在上海。所以“五四运动”的发生，他事先是一点不知情的。他在五四以后才回到北大。从他生平的主张来测度，在校求学的学生因国家的外交而偶做示威运动，他应该不会反对；因示威运动而至于罢课，他可能不十分赞成。不过他一向恪守“成事不说”的态度；我们现在作这个测度，似乎亦是多余的。至于他所提倡的白话文，则因五四运动而得以加速通行全国：这是五四运动一种最有价值的收获。

在五四运动的前后，先生在报上所发表的关于政俗和教育的文字很多；最重要的是二月十九日写成的《不朽》和七月一日写成的《实验主义》。而七月里所作的《多研究些问题，少谈些主义》，八月里所作的《新生活》，十一月一日写成的《新思潮的意义》几篇文字，对于青年学子，尤应当有巨大的影响。可惜当时的青年很少能够仔细读先生的这种文章而增进慎思明辨的心习的！不然，我们现在国家和社会里那些不幸的情形，可能会少了许多。

先生从一九一七年到一九二六年，都在北大教书。在这九年里，先生除上课讲授外，大部分的精力，都用于学术史和思想史的研究；在《古代哲学史》出版以后，尤为积极。不过先生是一个最有政治责任心的人，所以对于国家和社会的事务，先生力所能及的，没有不尽力的。他在一九一六年十一月九日所写的日记上说：“余每居一地，辄视其地之政治社会事业，如吾乡吾邑之政治社会事业。

盖吾人所居，即是吾人之社会；其地之公益事业，皆足供吾人之研究。”先生对于他的暂居地的政治社会事业犹持这样的态度，况对于他自己的国家！先生在一九一九年六月的接办《每周评论》，就是要想对于自己国家的政治贡献他的力量。但是《每周评论》不久也被封了。不过先生那时对于国事的意见，乃是全国知识界所最尊重的。到了一九二二年五月七日，先生主编的《努力周报》第一期出版。以后一年以内，先生在这个刊物上所发表的时事述评共有六十四篇。五月十五日，先生所草的《我们的政治主张》一文发表于《晨报》。先生和蔡元培及丁文江两先生，都在提议人里面。后来在九月里，又写了《联省自治和军阀割据》及《一个平庸的提议》两篇文章。从这些文章里，我们很可以看出先生为国家的苦心。

一九一九年八月，先生写成《清代学者的治学方法》的前六章；一九二〇年春天补上第七章；一九二一年十一月，写成第八章。这篇文章对于一班有志治“国学”的青年，可以说和他的哲学史有同样的重要。先生在一九二三年一月里所草的《国学季刊发刊宣言》，非特把几年来精思熟虑的结果告诉大家。并且把以后做学问的道路指示大家。我们现在想起来，一九二三年以后国内的“国学”所以能有一点成绩，这篇文章的力量不少。

先生于一九二〇年七月写《水浒传考证》，于一九二一年十一月写《红楼梦考证》，这虽说为考据学示范，实在是治文学史的人的正常工作。先生生平治学的大目的，在思想史。（实在是在人类的思想史；不过为专精起见，着重在中国这一部分罢了。）但文学是他的一种“玩意儿”。所以他于《中国哲学史》以外，又写了一部《国语文学史》。其他关于文学的著作（例如《胡适词选》），我们都可以看作先生的玩意儿。

先生在一九二〇年所作的《国语文法概论》，乃是从《马氏文通》以后中国语文学中一篇最重要的文字。它的重要，不在它告诉人以许多材料，而在它告诉人以最正当的方法。先生把“国语的进化”和“历史的研究法”在文法学上提出，乃是我国文法学一个空前的大进步。固然，这两个意思，我们都可在先生的《尔汝篇》里寻出端倪。但先生若不做这篇文章，可能就没有机会把这两个意思说得那么明白。

他在一九二三年十一月写的《科学与人生观序》，一九二四年二月写的《古史讨论的读后感》，以及一九二六年六月写的《我们对于西洋文明的态度》三篇文字，都有“正人心”的功效。当群言淆乱的时候，得读这种文章，实是一个人最幸运的事情。

先生于一九二六年七月二十二日去国，经俄、德、法赴英；八月转巴黎。九月三十日，在伦敦作《词选自序》。十月底赴德国佛兰克府演讲；十一月回到英国，往各大学演讲。一九二七年一月初，由英乘船赴美；十二日至纽约。四月中，由美启程回国。在船上曾将珂罗倔伦的《左传真伪考》的大意节译出来做成提要，寄给在厦门的顾颉刚。月底到日本，留二十多天。五月底回到上海。从六月后，寓上海极司斐而路四十九号甲，和蔡先生为邻。《乾隆甲戌脂砚斋重评石头记》，乃是这一年的夏天在上海买到的。八月，作《菩提达摩考》；十月作《左传真伪考的提要与批评》。

一九二八年二月，上海光华大学和东吴大学法律学院，都聘请先生任哲学讲座。三月十日，《新月》月刊创刊号出版。四月，中国公学校董蔡元培、王云五等推先生任校长；四月三十日，先生到校就职。七月，作《禅学古史考》。九月，作《治学的方法与材料》，又作《吴淞月刊发刊词》。十月，作《入声考》，到除夕写定。

一九二九年五月六日，作《人权与约法》一文，发表于《新月》月刊第二卷第二号；在这个月里，又作《知难行亦不易》一文，发表于《吴淞月刊》，又转载于《新月》月刊第二卷第四号。十一月，作《新文化运动与国民党》。除夕，《菏泽大师神会传》写成。

一九三〇年四月十日，先生作《我们走那条路？》，又作《神会和尚遗集序》。十六日，开始作《淮南王书》；三十日写成。五月十九日，辞去中国公学校长的职务。因为先生上年所发表的文字，如《人权与约法》，《知难行亦不易》等，引起政府对先生的不满，先生为使中国公学得以顺利立案起见，遂决意辞职。六月二十六日，开始写《四十自述》。

先生《知难行亦不易》的文章，常常引起世人的议论。有些人以为先生对于孙中山先生的学说故意立异。但我们若用历史的眼光来解释，我们便知道“言各有当”，决不是先生要故意立异。当一九一九年五月初，先生因欢迎杜威先生来华讲学在上海时，曾往谒中山先生；中山先生告以新著《行易知难》。那时先生不满三十岁，而中山先生已是五十多岁的人了。五十多岁的年纪不算大，但五十多岁的中山先生，则已奔走国事三十多年了，已经历过无数的艰难困苦了。而环顾当时的国家，南方和北方差不多全是军阀割据的局面。一班追随中山先生革命的志士，除了少数具有坚定识力的人以外，多已灰心了。中山先生在那时，无论对老同志或对新进的青年，当然希望他们都有集义养气的功夫，都有充实的学识。一个人对于一件事有真知灼见以后，则一切艰难便都不足怕惧。中山先生所以揭出“行易知难”的道理，就是要一班志士对于革命事业都有真知灼见，不要因一时的不如意而灰心。我想，当中山先生把这个学说告诉先生时，先生当亦是这样了解中山先生的。到了一九二九年，因为国民革命军的成功，全国已勉强可以说是统一了。在这样一个时候，国家最要紧的事情当然就是着手建设。但建设亦是不容易的。在那个时代，全国上下，同心同德，兢兢业业，实在还怕不够。先生所以补上“行亦不易”的话，就是怕大家误解中山先生的意思，忽略了前途的艰难，使建国的功业，败于垂成。先生这种意思，是很明显的。可惜当时一班年轻的人，没有了解这一点，辜负了先生的用心。在我们现在想起来，那是很可惜的。

一九三〇年十一月二十八日，先生偕同家眷离上海赴北平，就北京大学文学院院长的职务。在离开上海的前一天，先生作《介绍我自己的思想》一文，当作《胡适文选》自序。在这篇文章里，我们可以很容易地看出先生对于国家文化的关心，对于青年教育的热情，对于独立思想的重视。

一九三一年，中华教育文化基金会董事长顾临，为表示尊崇先生的学问和道德起见，建议基金会在北大设立十数个讲座，使北大可以养成学术研究的风气。后经先生和基金会商定办法，于一九三一年秋季开学后实行。这个办法，一直行到抗战开始时才停止。先生的《淮南王书》，是在这一年里出版的。

一九三二年五月，先生和蒋廷黻、丁文江、傅斯年等发起《独立评论》（周刊），由先生主编；二十一日，第一号出版。先生于这年的五月十六日作《宪政问题》，六月作《废止内战大同盟》及《论对日外交方针》，九月作《中国政治出路的讨论》，十一月作《统一的路》。一九三三年元旦作《国民参政会应该如何组织》，二月作《国联报告与建议案的述评》，三月作《全国震惊以后》和《日本人应该醒醒了》，五月作《制宪不如守法》，十一月中旬作《建设问题引论》，十一月二十日作《世界新形势里的中国外交方针》；一九三四年四月作《今日可做的建设事业》和《论宪法初稿》，五月作《信心与反省》，六月作《再论信心与反省》，《三论信心与反省》；一九三五年二月二十七日作《从民主与独裁的讨论里求得一个共同政治信仰》，三月作《试评所谓中国本位的文化建设》，六月作《充分世界化与全盘西化》，八月作《政制改革的大路》，九月作《从一党到无党的政治》，十月初旬作《敬告日本的国民》，发表于十一月号的《日本评论》（同时发表于《独立评论》第一七八号），十一月作《华北问题》；一九三七年四月作《读经平议》，五月作《再谈谈宪政》，七月二日作《我们能行的宪法与宪政》；这些文字，实在都是一代的谠论。我们念这些文字，不仅是佩服先生对于政治和社会的意见，并且更佩服先生那种"愿天下之安宁"的襟怀。

在卢沟桥战事发生以前的六年中间，先生虽然很热心于国事，但亦没有忘记他的研究工作。他的《真诰考》和《四十二章经考》作于一九三三年，他的《说儒》，《坛经考之二》和《校勘学方法论》作于一九三四年，他的《楞伽宗考》作于一九三五年。这些差不多都是和他研究中古哲学史有关系的工作。

一九三七年七月七日，日军在卢沟桥因演习和我们的军队开战。这是八年中日战争的开始，亦可以说是第二次世界大战的开始。先生于七月十二日离平赴庐山，参加"庐山谈话会"。这个谈话会，于十六日开始举行。二十日上午举行教育组谈话时，先生发表意见如下：一，国防教育，非特殊教育而是常态的教育；二，教育中心目标，应为国家高于一切；三，天才救济——关于升学，主张恢复从前同等学力的规定；四，教育独立，官吏不可兼任公私立学校校长或董事长。对于先生这个意见，我们当然知道先生是针对当时国家的局势立论的。但我们可以申明一句：先生以为国家最崇高、最正当的目的，是在保证人民合法的自由；他所谓"国家高于一切"，乃是指具有这样一个目的的国家而言。

先生于七月二十八日乘飞机到南京。在南京除和蒋委员长商谈对日处理卢沟桥事变的办法外，并提议北方的三大学联合南迁的事情。后来西南联合大学的产生，可以说由先生发动的。

九月，他受命从汉口飞港；十五日，从港飞美。先生抵美后，到处宣传中国抗战的意义和世界上民主国家团结的必要。一九三八年七月，又赴英从事国民外交活动。九月，赴日内瓦。同月十七日，政府特任先生为中华民国驻美利坚国特命全权大使。那时先生尚在欧洲。二十八日，由英赴美；十月三日到纽约。五日，赴华盛顿就中华民国驻美大使职；二十八日，向美总统罗斯福呈递国书。

先生任驻美大使后，除屡次谒见罗斯福总统讨论国际问题以外，又时常旅行全美各地，对人民团体发表演说。先生平常作任何一演讲，都一点不苟且，所以都很动听。现在以大使的身份说话，由于他一向对国家和人民的责任心，自然更要用心预备。他的心脏病，可能因此而起。而美国朝野对于中国对日作战的了解，从先生任大使后，便一天一天多起来。一九四一年十一月二十七日，美国将应付远东危机的方案向日本提出：一、日本立即退出轴心；二、日本从中国撤兵；三、日本停止支持南京傀儡政权。到了十二月八日，遂发生珍珠港事变。从这天起，美国便和我们站在一边对日作战。从现在想起来，我们可以说，除非日本军阀中途悔悟，立即改正过去侵华的错误，美国为阻止强权的侵略，终有一天要对日本用武力的；但先生的人格和识度在美国朝野人士心目中的印象，对于美国政府向日本作坚强的表示，似不能说毫没有影响。所以当政府于一九四二年九月八日突然免去先生驻美大使职务时，颇使国内关心国事的人士惊讶于政府的政策。

先生离开驻美大使的职务后，便移住纽约。他一方面仍留心世局的演变，一方面则做他的学问。他希望能有二十年的岁月得专心于思想史的研究。

一九四三年，他任美国国会图书馆东方部名誉顾问的职务。这个职务，对他是很有用的，因为这个职务可以使他很便利地看到许多珍贵的中国古书。

一九四五年三月二十七日，国民政府发表先生为中国出席旧金山联合国会议代表团代表。十一月，联合国在伦敦开创设联合国教育科学文化组织会议，先生任中国代表团首席代表。这年的六月，代表北大在西南联大的校务委员蒋梦麟因就行政院秘书长的职务，政府任命先生为国立北京大学校长；没有到校以前，由傅斯年先生代理。先生对于国家高等教育的热心，使他不得推辞，遂于一九四六年七月由美回国。七月五日到上海后，稍事休息，即偕家眷北上就职。

一九四六年十一月，先生被选为制宪国大代表；并于开会时被推为主席。先生对于宪法，是从最初便留心的。先生那时所以热心于制宪，当是由于先生以为我们的国家，有了一部比较合理的宪法以后，全国同胞便可彼此相安，共同努力于建设新国家，使中华民国成为世界上一个真正的民主国家了。他总以为宪法可以给全国同胞以和平、民主、自由的！

一九四七年四月，先生被选为第一届国民大会代表，并于次年三月开大会时被推为大会主席团主席。

一九四八年十二月十二日，因北平城被包围，先生遂乘专机飞抵南京。

先生在北大校长任内，除了出席制宪国民代表大会及学术和文化的会议以外，即专心于著述。在学术方面，他仍继续在美国时所开始的关于《水经注》的研究，目的是要替戴东原辩诬，且因替戴氏辩诬而研究到关于《水经注》的各种问题。在政治方面，他写了许多很重要的文字，如一九四七年写的《我们必须选择我们的方向》、《眼前世界文化的趋向》，一九四八年写的《国际形势里的两个问题》、《自由主义是什么？》：这些文字，都出自启世牖民的情怀，乃是我们散文中最上乘的文字。

一九四九年三月，先生已决定赴美，曾来台湾一行。这个月的二十八日，他在台北中山堂向公众演讲，题为《中国文化的自由传统》。一周后仍回上海乘船赴美。他是在四月六日那天从上海启程的。

他到美后，寓纽约东八十一街一〇四号。这是他在离开大使的职务后租住的房子。他于一九五二年十一月返台北，留住约两个月。一九五四年二月，因出席"国民大会"，又返台北一次。

一九五七年十一月，"中央研究院"改选院长，先生当选。先生于一九五八年四月八日回到台北，四月十日就任"中央研究院"院长职务。六月，因中华教育文化基金会开会事赴美；十一月中回台。

一九五九年二月，"国家长期发展科学委员会"成立。这个委员会的产生，可以说全是由先生一人鉴于教育界人士的生活太苦而竭力促成的。先生把国家的前途都寄望于教育上，所以对于教育十分留意。他每次由美回台时，都建议提高教育界的待遇。一九五六年吴大猷先生回台讲学时，曾拟了一个发展科学教育的草案。后来先生接长"中央研究院"，遂决意根据吴案而成立"国家长期发展科学委员会"。

先生的任职于"中华教育文化基金董事会"，数十年如一日，亦是这个要以学术救国的一念所鼓励的。自有学术文化的基金会以来，"中华教育文化[的]基金会"可以说是一个模范的组织。这个基金会有这样的成绩，由于先生人格的影响为多。

一九六〇年七月九日，先生赴美出席西雅图的华盛顿大学"中美学术合作会议"。在这个会议里，先生有一个很重要的演讲，题为《中国的传统和将来》（The Chinese Tradition and the Future）。这是这个会议七月十日开幕后头一个演讲，给了会场中人许多感发。会议完毕后，先生东去纽约小住，又往美京华盛顿出席"中华教育文化基金会"会议。

先生于一九六〇年十月二十二日返抵台北。从此以后，先生即未出过门。一九六二年二月二十四日，先生在"中央研究院"主持第五次院士会议。会毕，下午六时在招待院士会中，以心脏病突发去世。这个终身为正义、为自由、为祖国的光荣、为人类的文明而努力奋斗的人，便从此离开人间了。

先生生平好买书。凡学问上用到的书籍，力所能致的，没有不买。所以先生在北平的藏书极多。先生常说自己所买的书，只求合用，不求珍本。实在，形式上的珍本，先生是不重视的。但有考证的价值或有关学术史的书籍，则费钱虽多亦所不惜。例如，伦敦博物馆所藏的《敦煌写本坛经》，先生曾两次函购影片。因此，先生的藏书，对于做学问的人是极有用处的。先生自三十岁后，即以学问闻名于世。世界上著名的学术机构，如牛津、哈佛、耶鲁、哥伦比亚、普灵斯顿、芝加哥、加州大学等，赠予先生以名誉学位的，先后有三十五个。德国普鲁士学院，亦于一九三二年选举先生为通信会员。

先生去世以后，“中央研究院”为纪念先生的懿德，以先生生前所住的房屋为胡适纪念馆。

先生在《藏晖室札记》（一九一五年二月二十日）上曾记他和亚丹先生（Prof.J.Q.Adams,Jr.）谈论中国国家大学的话；最后他写道，“吾他日能生见中国有一国家大学可比此邦之哈佛，英国之康桥、牛津，德之柏林，法之巴黎，吾死瞑目矣！”（《胡适留学日记》页五六六）一个二十三岁的人竟能够以祖国有一座比得上世界最高标准的大学为毕生的大志愿！在这种地方，我们可以看出先生少年时期便有一种最高尚，最纯正的爱国心了。而先生的表现这种爱国心，一直到了他的最后一息而没有稍衰。

但是先生的纯正爱国心，不只是表现于教育。在一切国家的文化或政治有关系的事情上，先生都想运用他的智慧以为国家争取地位和荣誉。因为他没有政治上人事或党派的牵连，可以自由的一概出以公平正直，并且因为他具备现代世界的知识，知道什么是一个现代国家所应处的态度，所以，就爱国的德行言，无论在世界上哪一个国家里，很少人可以和他相提并论。总之，他一生里无时无刻不想把中国变成世界上第一等的文明国家：在这一点上，他已经使“爱国”这个名词得到它的最正当的意义了。

先生生平对于朋友和相识的和蔼、乐易，是大家所熟知的。在先生的意思，和蔼待人，乃是受过现代教育的人所当具有的态度。但先生最不可及的地方，乃在他的以正直待人。我们可以说，先生对于朋友，正和他对于国家一样。他总希望中国能够成为世界上一个最文明的国家；他亦总希望他的朋友个个都能够做世界上第一等的好人。他和朋友往来，虽然以和易著称，但在朋友行为和社会有关系的地方，则劝善规过，一点也不放松。他这种对朋友直道和忠诚，乃是人世间最可宝贵的行谊。

先生自己的勤勉好学，可以不用我们称述。他对朋友和学生关于求学事情的帮助，凡他所能做到的，没有不做。他自己对于知识有纯笃的爱好，所以推己及人，亦愿意竭力帮助别人满足求知的欲望。实在说，他的主张极单纯：凡可以使这个世界变好一点的事情，都是他职分上所应该做的事。他似乎相信，一个人能够多受点教育，这个人的行为便可以好一点。

先生一生对学问最大的目的，为人类思想史，而对政治上最大的愿望则为自由，尤其是思想和言论的自由。先生主张人类有争自由的权利和义务；但先生爱好秩序与和平，亦不下于自由。我们知道，在国家危急的时候，先生为顾全秩序与和平，有时甚至于勉强容忍而放弃个人的自由。这可以说是一个人所能表现的至高的德操。

一九六二年十月十五日，先生的灵柩安葬于台北县南港“中央研究院”东边的山头上。墓里的碑文如下：

这是胡适先生（一八九一——一九六二）的墓。

这个为学术和文化的进步，为思想和言论的自由，为民族的尊荣，为人类的幸福而苦心焦思、敝精劳神以致身死的人，现在在这里安息了！

我们相信，形骸终要化灭，陵谷也会变易，但现在墓中这位哲人所给予世界的光明，将永远存在！

（原载《绩溪县志》 一九六六年十二月十五修订）

傅孟真先生传略 (节选)

傅先生，名斯年，字孟真，于清光绪二十二（耶历一八九六）年生于山东省聊城县北门里。祖父名淦，字笠泉，是一个拔贡生；父名旭安，字晓麓，是一个举人。在傅先生九岁的时候，他的父亲逝世；他的祖父，性孤介而学问渊博，便做了这个孙子的老师。到了十三岁的时候，他随了侯雪舫（名延爽）先生赴天津入官立中学。这个侯先生，为山东省东平县人，是傅晓麓先生的学生；平日对他的老师很为尊敬。侯先生到北京会试，中了进士，回到家乡，则三十九岁的老师已因病过去了。他便把老师两个儿子的抚养和教育当作他自己的责任。（傅先生的兄弟，名叫孟博。）傅先生幼时文史的根底，除他的祖父外，受到侯先生培养的益处很多。就是他生平乐于帮助故人的子弟，恐怕侯先生的榜样亦不会没有几分影响的。

一九一三年，傅先生进了北京大学预科。那时的大学预科分甲乙两部：甲部偏重数学及自然科学；乙部偏重文史。傅先生入乙部，虽身体羸弱，时常闹病，但成绩仍是全部的第一。就笔者所记到而言，当时全校学生中，似乎没有比他天姿更好的。

他于一九一九年毕业于国立北京大学中国文学系。在这年的秋天，他考上山东省的官费而留学英国。他在北京大学念书的时候，虽习中国文学系，但于文学史学哲学各方面，都有很浓厚的兴趣；他心中以为治科学是治哲学的基础，所以赴英以后，即进伦敦大学治生理学，打算从生理学以通心理学而进于哲学。在英三年，于生理心理以外，亦兼治数学。一九二三年，他从英赴德进柏林大学；听讲的余暇，最初专研读马黑（Ernst Mach）的著作，于感觉的分析（Analyse der Empfindungen）和力学（Mechanik）二书尤为用心。他后来回国在北平任历史语言研究所所长的时候，好几次劝笔者把马黑的力学译成中文，大概是因为他自己在哲学上的成就，很得力于这部书的缘故。

傅先生于一九二六年由欧洲返国；于一九二七年赴广州任国立中山大学文科学长。一九二九年，改任中央研究院历史语言研究所所长；这个职务，他一直担任到他生命完毕的时候。中间曾兼任北京大学名誉教授、北京大学代理校长等职。一九四八年的冬天，受命长国立台湾大学，遂于一九四九年一月十九日来台。一九五〇年十二月二十日，因台湾大学的事情，出席台湾省参议会；在会场中，于下午六时，猝患脑溢血，到了十一时二十二分逝世。

傅先生在学术上的成就，可以说从年纪很轻的时候便很有可观了。记得一九一四年的时候，他对笔者说道："张皋文在清代学者中，什么学问都在第一流，而都不是第一人。"那时候的傅先生，还是一个十七八岁的青年学生；笔者听了这句话，虽然没有十分赞同他的意旨，但很惊奇他读书的广博，识见的高超。到了一九一六年的秋天，他由大学预科毕业而进入中国文学系的时候，于中国文史各科，至少可以说是"升堂矣"了。

在笔者的意见，他那时的志愿，实在是要通当时所谓"国学"的全体；惟以语言文字为读一切书的门径，所以托身中国文学系。三十余年以来，笔者虽然没有把这个意思问过他，但这个推测可以说和实在情形差不多。当时北京大学文史科学生读书的风气，受章太炎先生学说的影响很大。傅先生最初亦是崇信章氏的一人。终因资性卓荦，不久就冲其章氏的樊笼；到后来提到章氏，有时不免有轻蔑的语气。与其说是辜负启蒙的恩德，毋宁说是因为对于那种学派用力较深，所以对那种学派的弊病也看得清楚些，遂至憎恶也较深。

傅先生进中国文学系一年后，胡适之先生来北京大学任教；胡先生于应用科学方法以研究学问以外，兼提倡白话文，——亦被称为新文学。当时在北京大学师生中，文言文写得不通或不好而赞成新文学的很多，文言文写得很通很好而赞成新文学的很少。傅先生便是后一类中的一个。只有这一类人，才可以说真正能够懂得用白话文的意义和道理。

一九一八年暑假后，傅先生约集了二十位同学，创立了新潮社，筹备发行一种杂志，叫做《新潮》。这个杂志的创刊号，是一九一九年一月一日出版的。我们现在试一翻读《新潮发刊旨趣书》，便可以知道傅先生那时对于学术思想的抱负和见解了。下面几节的意旨，到现在还值得注意：

"群众对于学术无爱好心，其结果不特学术销沉而已，堕落民德为尤巨。不曾研诣学问之人，恒昧于因果之关系，审理不瞭而后有苟且之行。又，学术者，深入其中，自能率意而行，不为情牵。对于学术负责任，则外物不足萦惑；以学业所得为辛劳疾苦莫大之酬，则一切牺牲尽可得精神上之酬偿。试观吾国宋明之季，甚多独行之士，虽风雅堕落，政治沦胥，此若干'阿其所好'之人，终不以众浊易其常节。

……若是者岂真好苦恶乐异夫人之情耶？彼能于真理真知灼见，故不为社会所征服；又以有学业鼓舞其气，故能称心而行，一往不返。中国群德沦落，苟且之行遍于国中。寻其由来，一则原于因果观念不明，不辨何者可为何者不可为；二则原于缺乏培植'不破性质'之动力，国人不觉何者为'称心为好'。此二者又皆本于群众对于学术无爱好心。同人不敏，窃愿鼓动学术上之兴趣。此本志之第三责任也。

本志同人皆今日之学生，或两年前曾为学生者；对于今日一般同学，当然怀极厚之同情，挟无量之希望。观察实情，乃觉今日最危险者，无过于青年学生。迩者恶人模型，思想厉鬼偏于中国，有心人深以为忧。……本志发愿协助中等学校之同学，力求精神上脱离此类感化。于修学立身之方法与途径，尽力研求，喻之于众。……此本志第四责任也。"

在《新潮》的头五号里面，我们很可以看出这个青年编辑者思想和学术的造诣。在《人生问题发端》（第一号）一文里面，傅先生说道：

"人人都有自己的哲学；……我对于人生，不能没有一番见解。这见解现在却切切实实相信得过；也把他写了出来，请大家想想罢。

人生的观念应当是——

为公众的福利，自由发展个人。

怎样能实行这个人生观念，就是努力。"

这个"努力""为公"的人生观，是傅先生的人生哲学，亦是傅先生三十年来立身的准绳。我们如果可以把四个字当作一篇伟大的传记，那么，这四个字就可以说是傅先生的自传。

在文学方面，则《怎样做白话文》，《中国文学史分期之研究》（都在第二号）和《白话文与心理的改革》（第五号）三篇文章里，尽可看得出傅先生对于文学的见解。在《怎样做白话文》里面说：

“我们所以不能满意于旧文学，只为他是不合于人性，不近人情的伪文学；缺少‘人化’的文学。我们用理想上的新文字代替他，全凭这‘容受人化’一条简单的道理。……所以我们对于将来的白话文，希望他是‘人的文学’。”

近来傅先生在《自由中国》第三卷第十期上所发表的批评萧伯纳的文章，亦可以说这个“人化”文学的主张的表现。违反人性的文学不是“人化”的文学；空洞无物的文章亦不是“人化”的文章；“七宝楼台”，仅可作为茶余酒后的赏玩的，更不是“人化”的文学。作者在傅先生逝世前一天曾对他说：“这篇批评萧伯纳的文章，可以说是三十年读书的心得。”这并不是过誉。总之，这篇文章，不特是可以代表傅先生“人化”文学的见解，并且是在世界文学批评史中有极高地位的作品。

《新潮》第一卷第五号中载他的《对于中国今日谈哲学者之感念》一文，现在固然许多人都知道那些道理，在一九一九年则可以说是“开风气”的文字。

《新潮》一卷五号出来后，“五四运动”便发生了。傅先生在当时北京大学学生中，无疑的是新思想运动的领袖。但“五四运动”那样的发展和结果，以及后来的影响，则或许不是傅先生所预期所愿望的。他是憎恨腐朽的旧社会的；他是赞成改革的；他是主张人民在紧要关头应当作“人性”的表示的。但是用长久罢课等等的手段，似乎不合他的脾胃。他平日在谈话或文字中，似乎没有十分显扬“五四”的意思，难道是孔子“成事不说”的意思么？在这种地方，我们只好“疑以存疑”。

傅先生从欧洲回国后，对于中国学术思想的贡献，当然比在《新潮》时代的贡献大。他在中山大学文科的时代，可以说是中山大学用科学方法以研究文史的开始；他二十年以来办理中央研究院历史语言研究所的成绩，则举世都知道，用不着赘言。但我们在这里不得不特别提出的，便是：因为他这二十年来的努力，印出了许多本极有价值的集刊固然可贵，培植出许多第一流的人才更为可贵。

凡是认识傅先生的人，没有不知道他是一个热心爱国和公正无私的人的。他办事的认真和操守的廉洁，乃是没有人不知道的事实。但他仁爱恺恻的心肠，只有接近他的人才能常常于隐微的地方觉察到；当然，枉法徇情的事情，他是决不会做的。

他于一九三四年在北平和俞大綵女士结婚。俞女士具正直慈祥的德性，且长于中英文字；可以说是他的佳偶。他们有一个儿子，名叫仁轨；现在美国念书，功课极好。

傅先生的书法，风格在晋唐之间；但为学问和文章的名声所掩，所以知道称誉的人很少。

至于傅先生的学术性的著作，“国立中央研究院”《院士录》（第一辑）中列有详目；这里从略。

傅先生是本刊发起人之一。他的突然弃世，固然是国家的大损失，亦是本刊的大损失。承雷儆寰先生的催促，匆匆草成这个传略，以为青年学生矜式嘉言懿行的取资。因《新潮》杂志，颇不易得，所以传略的前段，叙的详细一点。中有不合事实的地方，希望傅先生的亲友加以指正，以便修改。有一部分材料，是傅孟博先生供给的；理合声谢。至傅先生在史语所和台大的工作，则屈翼鹏先生在本刊本期的文章叙述得最详实。请参看。

一九五〇，十二，廿五、子水附记。

原载《自由中国》第四卷第一期

第五辑

“五四”五十年 (节选)

“五四”就要满五十年了。因为我是参加“五四”游行的行列的人，所以在过去几十年里，好多次有朋友要我讲述当时的情形。但除了一、二次外，我都谢绝了。我这种态度，纯粹是由于我的习性，而不是因为我对于“五四”有什么要保留的意见。

我素向的脾气，喜欢让过去的事情“无声无臭”的过去。这我亦有一种理论的根据：如果把过去的事情“纪念”得太多了，我们还有什么时间来计划将来呢！其实，我的不喜欢讲谈往事，可以说只由于一“懒”字。现在因为绍唐兄要我对于“五四”写点回忆或感想，我似乎没有理由再拒绝。不过五十年前的事情，没有当时的片纸只字，全凭记忆写出来，事实上必有许多不对的地方。

四、五十年来，我听见有人称赞“五四”或讥评“五四”，我都“一笑置之”。我总以为“五四”的出现，完全是历史的自然的趋势。它有它的好影响，也有它的坏影响。就它的好的影响讲，它是我们历史光辉的一页；就它的坏的影响讲，当然有许多值得我们自省的地方。但不管好的影响或坏的影响，亦都有它们发生的原因。我可以说，有许多事情，我们现在断定是由“五四”引起的，即没有“五四”，早迟亦会出现。历史上所发生的事情，很少很少是只有单独的原因的。

我且就记忆所及略述当日“五四”发生的情形，以证明“五四”是历史上很自然的现象。

当中华民国建立时，一般青年都以为我们国家不久便可和世界上进步的国家相比了。但从政权交在旧日北洋军阀手中时，非特民主政体不能实现，即一个现代国家日常的事务亦做不像样。所有旧时军阀中人，大多数只知道循着黑暗的途径以争权夺利；怎样建设一个现代国家，他们脑中决没有丝毫印象。当时在北方求学的青年，都知道难以和这种军阀的政府合作，所以虽然民国成立已有八年，国事愈来愈坏，而大家却只专心读书，不问政治。但巴黎和议的条文，对我国的前途关系太大了，因有一班爱国的学生，倡议于五月四日游行示威。这就是"五四"运动的来由。我记得当各校学生齐集天安门前出发时，只说把那些游行人所持的标语旗丢进日本公使馆里大家便散队归校。后来东交民巷不许通过，所以游行的队伍只好走向赵家楼，预定将标语旗丢进赵家楼曹汝霖家里再散队回校。我当时只随着队伍游行，并不知道那些人在决定这些事情，但在路上所听见的大概是这样。

游行的队伍到了赵家楼的时候，曹宅的大门已紧闭；有几位前行的激烈学生设法爬窗进去。但同时看守曹宅的警察也将大门打开了。后来大队的游行人来到，便有学生要放火烧屋；又有学生在曹宅客厅里找到驻日公使章宗祥，拖出便打。群众中几个激烈一点的因一时气忿出手的，决不是由于前一天或当天策划游行人的预谋。我当时听见许多人乱打一个人，心里颇为不平，以为这种行为不是大学生所应有的，但我也没有力量阻止，所以只得大声叫呼我常在一起的同学离开打人的地方。叫不到人，我便独自回校了。在回校的路上，逢到大队的警察开向赵家楼。大概这队警察到了赵家楼后便开始拘捕在场的学生了。因为警察的拘捕几十名学生，第二天北平各大专学校开始罢课。北京军阀政府因上海商店于六月五日罢市以响应北平学生运动，乃于六月十日下令罢免曹汝霖、章宗祥、陆宗舆三人。但北京各校的罢课并没有因而终止；一直到暑假过后各校才恢复正常课业，理由是因为各校学生从"五四"后离校太多的缘故。由于这个罢课的影响，"五四"运动很快的蔓延到全国各地。这恐怕是最初策动"五四"游行的人所没有料到的！

许多人把新文化运动和"五四"运动混为一谈；这是不明时代先后的毛病。我国现代的新文化运动，可以说开始于前清末年。中华民国的创建，当然是新文化最深厚的基础。一九一七年以后，白话文渐渐通行，乃是新文化运动最有用的工具。新生活运动和现在复兴中华文化运动，则为全国新文化运动具体的推行。而"五四"运动，正当讲起来，只是一种政治运动；它的最明显的效果，就是使多数青年知道政治的重要。就我所观察到的，国民革命军所以能够迅速完成铲除军阀的事功，和"五四"运动多少有点关系；因为"五四"运动，的确曾唤醒当时许多有志气的青年使从事正当的政治改革工作的。

对于蔡先生的一些回忆

过去的师长里边，我现在常常记起的，是蔡孑民和胡适之两先生。从我认识他们的时候起，一直到他们去世的时候，他们似乎没有一刻不想到把我们民族的文化来和世界最文明的民族相竞，没有一刻不想到使世界上的好人渐渐增多起来。他们把这两件事情作为他们一生中最重大的使命。

适之先生在世的时候，和我晤谈的时间比较多，而他的崇高的人格，我几年来零星的叙述实在都没有能够描画得像样。蔡先生在世时，我不常和他见面。（一九二四年四月，蔡先生偕周夫人赴德国Koenigsberg出席康德二百岁生日纪念会时，路过柏林，停留数天。他们在柏林参观柏林大学和美术学院、音学院及游览动物园、植物园，我都会随同几位同学陪伴。）但四十多年以来，他的宁静淡泊的志怀，正直和平的性行，在我心目中印象日以加深。现在离蔡先生一百岁的生日很近，因述一两条记得比较清楚的事情以志敬仰。

蔡先生的姓名，在民国元年南京政府成立时我才听到。当时蔡先生被任命为教育总长。我那时虽然刚由中学毕业，但自审才分，只能以“读书”做终身的事业，所以对于“教育总长”的人选比较注意。更使我对蔡先生注意的，是章太炎在新政府任命蔡先生为教育总长时曾有赞同的言论；章太炎先生，是我那时最崇拜的学者。

在蔡先生教育总长任内，普通教育，废止读经；大学校废经科，而以经科分入文科之哲学、史学、文学三门。我当时虽然立志要成为一个经学家（章太炎先生“学术万端，不如说经之乐”的话，当时对我的影响很深！）但我对这件事却深为赞同；因为我当时已读过或涉猎过四书五经，颇知道这些书对于小学生和中学生并不十分适于诵读。我也知道经典里边蕴藏着许多古人的嘉言懿行；但我想，若把这些嘉言懿行有益于青年人心志的用简明的话述说在《修身教科书》（略等于现在的《公民课本》）里，岂不有用得多！

但对蔡先生的提倡美育，我便不免怀疑了。实在说，一直到现在，我对这个问题还没有一个明确的见解。谈到这里，我必先将我的偏见一提。我生来不能了解美术。有些我所以为"美"的东西，美术家并不以为美；而美术家有许多作品，我很难看出它们有什么美的地方。（我在中年时，更有一个不好的偏见或不准确的统计：美术家品行不好的居多。那时我会这样想：蔡先生竭力提倡美育而品行却这样的纯正；这是因为蔡先生在提倡美育以前已有很坚定的德操了。）因此我对蔡先生以美育代宗教的主张，只有一半的赞成。蔡先生以为西方文明国家的沿习宗教仪式，乃一种历史上的习惯。我国振兴文化，似不必需要宗教。我对蔡先生的这个说法十分同意。（这当然不是说宪法中不应该有"信教自由"一条！）至于蔡先生以为纯粹的美育，所以陶养人们的感情，使有高尚纯洁的习惯，而使人我的见解、利己损人的想法、渐渐消沮，则我到现在还没有完全相信。但我知道：蔡先生的话，非特本于"心得"，亦有"古训"可征。以音乐来说，孔子就说过"成于乐"的话。（比蔡先生年长六岁的英国【后赴美任教哈佛大学，改入美籍】哲学家怀德海，亦十分重视音乐在陶冶性灵的功效。）因此，我究不敢以蔡先生的主张为不对。（像孔子、怀德海、蔡先生那样的人，都不会轻易出言的！）

讲到这里，我倒想起一件小故事来了。一九二〇年秋到一九二一年夏，我在北平孔德学校任教中国语法的功课。有一回校中开一个会议，讨论学生制服的式样。会中议论纷纭；最后又提到"美"的问题。我因听得不耐烦，便说道：一件衣服，能够做起来简单而穿起来又最适合身体，便可以算是"美"了。蔡先生当时在会中，亦深以为然。后来孔德学生制服有没有照着这个原则去做，我也没有注意，但蔡先生对我这几句话的赞许，则使我以后对于世俗所爱好的锦绣纂组的衣裳更不喜欢。我常这样想：若使讲美学的人都像蔡先生那样，则美术学对我或不至像现在那样的神秘，而我自然亦会喜欢它的。

蔡先生自己说："对于各家学说，依各国大学通例，循思想自由原则，兼容并包。无论何种学派，苟其言之成理，持之有故，尚不达自然淘汰之命运者，即使彼此相反，也听他们自由发展。"（见一九三〇年蔡先生所写的《我在教育界的经验》一文里，和一九一九年三月十八日蔡先生答林琴南的信大致相同。）蔡先生的"兼容并包"，普通人多误解为"勉强混合"；实在，蔡先生是有是非的择别的。譬如，他请刘申叔讲六朝文学，绝不会允许他在讲堂上提倡“帝制”；他请辜汤生教英诗，绝不会允许他在校中提倡“复辟”。他所以没有请林琴南，据我的推测，并不是因为他以为林琴南的文章做得不好，更不是因为派系不同的缘故，而是因为林琴南对于做学问的见解，在蔡先生看来，已赶不上时代了。至于林琴南生平许多纯笃的行谊，我想亦是蔡先生所许与的。

我曾听胡适之先生谈过一段蔡先生和钱玄同问答的故事。这个故事，好像还没有人记录过；现在我把它附在这里：

钱玄同问：“蔡先生：前清考翰林，都要字写得很好的才能考中；先生的字写得这样蹩脚，怎样能够考得翰林？”

蔡先生不慌不忙笑嘻嘻的回答说：“我也不知道；大概因为那时正风行黄山谷字体的缘故吧！”

这个故事告诉我们蔡先生的涵养；可惜胡先生自已没有把它记下来！

我常想，像蔡先生、胡先生那样的人，在制行上，比起世界上任何一位圣人，都不会比不上。可惜还没有人替他们写出可读的传记。就我个人讲，这一生能够得到这样的师长，可以说是一件最幸运的事情。荀子说：“学莫便乎近其人。”两先生虽先后成为古人，而音容常在心目中；每有鄙陋的志虑，一想起他们正直中和的遗范，便莞然自笑。有这种经验的，同辈中当非少数。这真是可以互相告语的嘉话！

胡适之先生给我们的遗产(节选)

胡先生留给家族的遗产，前几天一家报纸上有一个报告，说是美金一百三十五元一角。这不见得是一个可靠的消息。据我所知道的而言，胡先生固然不是一个积钱以遗子孙的人，但亦不是一个不顾虑到身后家计的人。他生平的正直、廉洁、明若丹青；所以这个遗产有多少，我们尽可不必讨论。

而胡先生给我们国人留下的“遗产”，却很可观！设使有一位富翁的遗嘱上捐给我们国家一笔可以办一座规模庞大的大学或者研究所的款项，这当然对我们教育和文化有莫大的贡献。但这个贡献，无论怎样大，究竟是有定数的。而胡先生对我们中国文化的贡献，则并不是一所世界第一流的大学或第一流的研究所可以比拟的。在这里我记起英国十九世纪一位历史家Thomas Carlyle的见解了。他以为设使英国人于印度帝国和莎士比亚二样里面只能选取一样而必须放弃一样，那英国人只好这样决定：英国人有没有印度帝国倒无所谓；英国人没有莎士比亚是不成的。据我们现在看来，就文化的观点讲，Thomas Carlyle的主张是很有道理的。三百余年来，莎士比亚被世人尊视为世界上很少数的几个最伟大文豪之一。他的作品所给予英国人的好处，无疑的在一个印度帝国以上。但Thomas Carlyle是就十九世纪中叶的英国立论的。我们从现代的中国立论，则我们中国有一个莎士比亚那样的文豪，远不及有一个胡适之。实在，即就现在的英国立论，再有一个莎士比亚那样的文豪，还不及有一个胡适之那样的人物。这不是说莎士比亚的作品现在价值变低了；这是说，在现在这个世界里，一个国家多有点伟大的文学作品，还不如教国民思想得清楚一点那样重要。

我们可以很简要的把胡先生对我们中国文化的重大贡献列举出来，第一：提倡白话文。这件事的最大好处在国民教育上；除此以外，白话非特使我们文学有康健的体躯，亦使我们文学有康健的精神。我敢说，从今以后，我们如果有伟大的文学作品，一定是用白话文写的。第二：革新做学问的方法。在胡先生以前，我国并不是没有好的学者。但他们对于治学的方法，往往是“知其然而不知其所以然”。胡先生草创中国哲学史，自觉的用“无征不信”的规律；自觉的用“历史演化”的观念。从这以后，我们国内学子做学问才有正直的大道可遵循。四十多年以来，我们国内有几部像样的哲学史和文学史，多多少少都是受了胡先生著作的影响。第三：介绍新的思想方法。他所介绍的演化论和存疑主义，他所介绍的实验主义，他的“多研究些具体的问题，少谈些抽象的主义”，一直到现在还是我们年轻学子关于慎思明辨最好的指导。第四：建立“社会的不朽论”。胡先生在这个学说里，把道德的基础放在社会上，可以说是现代一种最正确的见解。我想，我们明白胡先生的说法，便可以明白我们对于社会的责任，对于国家的责任，以及对于人类文明的责任。我以为胡先生这个“社会不朽论”，正可以做我们现代新生活的一层最稳固的基础。第五：依据理性来论事、处事。这里所谓理性，是指和迷信和妄从相反的东西而言。所谓依据理性来论事或处事，就是说：无论讨论什么事或处理什么事，都要依据事实或证据并经过慎思、明辨才作决定。第六：崇信民主和自由。民主是人类在政治上最进步的方式；自由是人类文明进步的原动力。这两样东西，如果了解的适当，运用的适当，都能够增进人类的幸福。我们所以有政治，所以有国家，目的就是要实行民主，要拥护自由。胡先生一生的崇信民主和自由，原因就在这里；他一生的爱护国家，原因亦就在这里。以上六件事情，胡先生或发为言论，或见诸行事；都可以永远为我们国人所矜式。我们能够实践这六件事，则我们便是现代世界上文化最高的民族。六事或缺一、二，我们的文明便要减色。所以我们若把这六件事当作胡先生给我们的遗产，则这个遗产价值的巨大是可以惊人的。

读者或以为这些东西虽然可贵，但似乎都不是胡先生发明的。我以为这些东西非特不是胡先生所发明，并且都是极平常的东西，——平常得到了“淡而无味”的境地了！但对于人类文化最重要的事情，莫过于有先知先觉指示人类以最正当的道路。孔子的“仁”，耶稣的“爱”，都不是孔子、耶稣所创造的；而且讲起来都似乎极平常的东西。因为他们能告诉我们“仁”和“爱”是人类最高的德行，他们便可以说是人类中的大圣哲。从这个最明显的例，我们要把胡先生看作人类中的一位大圣哲是很妥当的。

即就个人的制行而言，圣哲的名字，胡先生是可以当之无愧的。他的一生，正直信义的德操，温恭谦和的气度，与人为善的胸襟，对国家和朋友的忠诚，对事务的责任心，和他的对振兴学术以提高国家地位的努力，凡是认识他的人没有不衷心钦佩的。

我们现在的问题是："怎样利用这笔无价的遗产？怎样才可以使胡先生这样一个人不白生在我们这个国家里？"

这是一个很庄严的问题。要回答得好，是颇不容易的。但我们可以约略想一想一个正确答案的内容。胡先生留给我们的遗产，虽然是无价的，却亦可以说是无形的。这个无形的遗产，只能在国家的教育上和文化上得到正常的利用。这并不是说我们设胡先生的纪念馆或多印些胡先生的著作就算能够做到的，虽然这些事情对国家的文化和教育都不能说是没有益处的。最要紧的事情，还是我们这一代的人或以后无数代的人能够仔仔细细的了解胡先生的意思。我们知道，胡先生的文章，晶莹和冰块一样，是不容易叫人误会的。但普通读书或听话的人，是很少能够静心理会书中或说话人的意思；即对胡先生的话亦不例外。所以更了解胡先生一点是我们利用胡先生遗产的先决条件。我请举一、两个例来说。

胡先生的提倡用白话文来写文学的作品，是一个最正当的主张。反对白话文的人，以为胡先生破坏中国的旧文化；这固然可笑：而赞成白话文的人，以为一用白话文就成为"新文学"了；那实在更可笑。要创造新文学，自然必须用白话；但用白话写作的文章，并不一定就成为新文学。实在，要创造新文学须有新知识，新见解，新智慧和多多少少的新技巧。而这些新知识、新见解等，都需要极大的努力才能够得到。并且，这种努力，还须用在现代最进步的学术上，或用在用现代眼光的观察上，才有相当的效果。所以我们这一代的人要遵循胡先生的意思来创造新文学，非特需要知道用正确的白话，还需要知道怎样在学术上或观察上努力。

我们更用民主和自由来讲。胡先生的主张民主和自由，我一向把它看作一件十分应该而正当的事情。我非特对胡先生这样，即对任何有知识的好人关于这件事亦持同样的态度。我以为生在现代而不主张民主和自由的人，好像是违背光明而趋向黑暗。但有一点我们须认识清楚。以我平日所见到的而言，民主和自由在胡先生的心目中，是政治最高的成就，亦是政府和人民两方面知识和道德的表现。他自己固然是一个用知识和道德来爱国的人；但他一生律己严而责人宽，所以民主和自由，虽然为他生平在政治上最大的理想，但他在失望时亦不灰心，因为他知道凡是人世间好的东西，都不是一朝一夕可以得到的。自然不会忘记努力去争取民主和自由的。不过他只想用和平的方法或用说服的方法去争取，决不想用暴力去争取的。他的提倡容忍，在他是一种道德，并不是一种方术。哲人已萎，我希望爱好自由和民主的人士懂得这个意思，更希望有政治权力的人能够懂得这个意思。

从上面两个例，我以为我们如果要好好利用胡先生给我们的遗产，我们还须费点心思先仔仔细细去了解胡先生生平的言行。

原载《新时代》第二卷第三期

胡适之先生哀词（节选）

胡先生在“中央研究院”欢迎院士会中去世，是中外有识人士所同声叹惜的。若在这里写述个人的哀悼，似不十分适宜。但他的去世，非特使我感觉到世间少了一个大哲人，亦使我感觉到我自己已经把一个学做人的好机会随随便便地错过了，所以我只好先说我自己的私感。

荀子说，“学莫便乎近其人”。我认识胡先生，已有四十多年了；我知道胡先生非特是“经师”，亦是“人师”，已有三十多年了。在这三十多年中，大半的时间，我是常有机会亲听到胡先生的话言，亲见到胡先生的行事的。这可以说“近其人”了。而我并不是没有“高山仰止，景行行止”的志向的。但现在回想起来，觉得胡先生伟大的地方，我并没有痛下决心去学，所以更讲不到学得怎样了。他的忠恕，他的诚实，他的谦虚，他的正直，他的慷慨，他的温和，他的见义勇为，他的舍己为人，都是人生德行最上等的模范，都是我所以为值得终身学习的。但总因为我因循成性，不肯强勉去学，所以虽然有“近其人”的机会，却没有学好一样。别的不用说：就拿“诚实”一件事来讲，我自审做到的很少。若把胡先生平日的言行来做标准，我竟可以说是一个惯于说谎话的人了，惯于作伪的人了。想起来实在有“无地自容”的心情。这个痛苦，是言语所难表达的！

虽然强勉学问并不是一件容易的事情，但一个人在一生中能够得近这样一个“人师”而不立志强勉去学，实在可以说是世间一大愚人！

胡先生大概以为“人皆可以为尧舜”，所以把每个人都看作好人。他的和易的性情，亦是从这个原因出来的。我想，我们如不努力使我们的国家成为世界上一个头等的国家，如不努力提高我们的文化，便辜负胡先生的意思了！便有点对不起胡先生了！

近来社会中有一种奇异的现象，就是有一班人，揭橥“中国文化”的招牌以骂詈胡先生。这是我所不能了解的。在我生平所认识的人士里面，言行不拘，合于我国古来圣贤法度的，为数很少；而胡先生可以说是在这些少数人士中的头几个里。实在，凡中外古今圣贤伟大的地方，胡先生没有不努力则效，不努力实行。他所以为中外有识人士所同钦，非特因为他的学识，尤因为他的品行。无论我们把“文化”当作“修养”或“文明”讲，胡先生的言行，可以说是人类最高文化的表现。我不敢说“拥护中国文化”而骂詈胡先生的人，尽是不光明正大的小人；但我可以说，他们多半是没有好的“中国文化”的人。信口妄言，是他们的长处；无知妄作，是他们的长处。温恭敬慎的态度，知仁忠和的德操，他们大概从没有想到。这样的人，还配骂詈胡先生么！我常观察文化高的人民，对于国中的圣贤，多致特别的崇敬。以胡先生的道德学问乃竟无端受国人的骂詈：难道这就是“中国文化”么？

胡先生有“努力”的人生观，没有“优哉游哉，聊以卒岁”的人生观，所以他一生都是忙于治学和治事。他的在“中央研究院”蔡元培馆中去世，亦是努力的人生观所招致的。他努力自己做学问，他努力帮助别人做学问，他努力想使国内学术达到世界的标准：这些都是他去世的原因。他有心脏病；他看到济济学人聚于一堂，他听到他的朋友们关于学术的议论，他高兴了，高兴得使他心脏病突发。我猜想，他临终的几刻钟或几分钟，乃是他一生中最快乐的一段。我希望我们的青年学子，永远记到我们曾有这样一个要从研究学术以提高我们民族文化的哲人！

总之，如要我们国家成为一个世界上第一等的文明国家，如要我们民族的文化成为世界上最进步的文化，胡先生一生所指示我们的途径是最平稳、最正直的途径。

胡适之先生对于我们现代思想的影响

关于胡适之先生的思［想］，最有用的文章，是他自己写的《介绍我自己的思想》（《胡适文选》自序）或者整部的《胡适文选》。（殷海光君的《胡适思想与中国前途》一文——载在《“国立中央研究院”历史语言研究所集刊》第二十八本——中讲到的《胡适思想》一段亦可参考。）但本文所要讲的，不是胡先生的思想是怎样，而是他的思想在我们中国学术史上的地位。

胡先生自一九一七年从美国回国后，即努力著述以启发国内的学子。他用他清楚明晰的文词以叙述他对于学习方法的心得，使有志做学问的青年各知道用自己独立的思想以从事于研究。四十年来我们国内的学子，知道用他那种方法以研求学问的，固然很多；用他的方法研求学问而有很大成就的，为数亦不少。胡先生对于我国学术思想界这件功劳，似乎是前无古人的。

我们单举“留学生”来比较吧！在胡先生以前，我国留学生能够将他邦学术的精华介绍给国人的，不能说没有。远则玄奘，近则严复。都是最明显的例。玄奘学通华梵，穷深致远。回国以后，译成经纶七十四部，总一千三百三十八卷。他在这一点上，可和世界上古来任何游学异国的学人媲美；他可以说是人类文明史上的一位伟人。严复的专精，固不能与玄奘比。但他自英回国后，亦从事于翻译工作。他所译的，如孟德斯鸠的《法意》，亚丹斯密的《原富》，约翰穆勒的《名学》，都是一代名著。他的意趣的高明，他的工作的认真，都值得我们的钦佩。但他们两人的努力，实在都没有发生应得的效果。他们的影响，和胡先生的影响是不能相比的。

我们固然可以容易地说出一些原因。譬如说，佛典虽然有可观的地方，但不是百姓日用所需，所以学者都不留意。至于严复所著的名书，在中土是新义。但在严复的时代，读书人差不多都要从科举出身，所以严复这种苦心经营的对于祖国的贡献，并没有十分受到国人的重视。除了《天演论》一书为士子所熟知以外，其他则读的人很少。即就《天演论》而言，大都读者亦只是“玩其辞”，并没有几个完全了解著者的意思。

但我以为玄奘和严复二人努力的效果所以不大，一个最大的原因就是他们专致力于翻译而少致力于教人以学问的思维方法。（严复亦尝本斯宾塞尔的意思以教人怎样治社会科学；可惜语焉不详！）胡先生则不然。他自一九一七年以后，不断地发表关于治学方法的作品；四编《胡适文存》里的文字，凡讨论思想方法的，固然教人以方法；即其他文章，大部分亦可以使读者得到研治学问的方法。譬如，《红楼梦考证》一文，正可以说是考证学的示例。《中国哲学史大纲》，与其说是教人中国哲学的，宁可说是教人怎样做一部中国哲学史或中国史的。后来许多稍像样的中国史或中国哲学史，差不多都是依照他的规模而作成的。凡事难于创始而易于增华：不独著书是这样！

胡先生用他的思想方法以评论政俗，在当时的确成就一种启蒙运动。但这种的启蒙运动，并不是在一定时期内所可完成，乃是和思想相终始的。汤之《盘铭》曰：“苟日新，又日新，日日新。”（见《礼记》大学篇引）这种启蒙运动，正是“日新”的意思。思想的进步没有止境，社会的进步亦没有止境。凡是受了赫胥黎和杜威影响的思想，都有这等作用。

在胡适思想方法的成果中，对我们现代的生活影响最大的，莫过于提倡白话文一事。他于一九一七年一月一日在《新青年》发表《文学改良刍议》一文，主张以下面八事，改良文学：“一曰须言之有物；二曰不模仿古人；三曰须讲求文法；四曰不做无病呻吟；五曰务去烂词套语；六曰不用典；七曰不讲对仗；八曰不避俗字俗语。”这篇文字，作者名为“刍议”，乃是我国文学史和教育史上开新纪元的大文章。所谓“不避俗字俗语”，即是“不嫌以白话作诗词”。这个主张，后来用积极的口气改为“是什么时代的人，说什么时代的话”。他在一九一八年四月所发表的《建设的文学革命论》一文中主张“用白话作各种文学”，以为“我们有志造新文学的人，都该发誓不用文言作文：无论通信，作诗，译书，做笔记，做报馆文章，编学堂讲义，替死人做墓志，替活人上条陈，……都该用白话来做。”

胡先生主张“用白话作各种文学”的时候，只着眼在“文学”上。实在，白话文非特为现代文学最正当的工具，对国民思想训练亦有极重要的关系。近代颇有学者以为语言是训练思想的一种重要工具。我们写白话文，是用我们的语言来表达我们的意思；我们写文言文，是用一种我们不常用的语言来表达我们的意思。就训练思想讲，当然以用常用的语言经济。所以提倡白话文一事，非特对我们的文学有极大的影响，对我们的国民教育亦有极大的影响。四十年来，白话文还没有能够普遍行用：人类的惰性，黑暗的势力，真是可怕！

胡先生的“大胆的假设，小心的求证”十个字的科学方法，对于青年学子可以说是最有用的格言。他劝少年朋友们“只认得事实，只跟着证据走。”他以为“没有证据，只可悬而不断；证据不够，只可假设，不可武断；必须等到证实之后，才可奉为定论。”他以为“用这个方法来做学问，可以无大差失；用这种态度来做人处事，可以不至于被人蒙着眼睛牵着鼻子走。”

我想，我们要做学问求真理，要有这种态度；我们要做好国公民使我们民国光耀于世界，亦要有这种态度。

至于胡先生正直和平的德操有没有影响到我们国人的性格，那更要看我们的“国运”了。

胡先生对学术界的影响(节选)

胡先生到北大以前的著作

今天这个座谈会，最好是由雪屏兄来作主讲人；因为他知道胡先生的方面比我要多些。且刘绍唐兄大概因为我得见胡先生较早，要我将胡先生初回国时，国内学术界对胡先生的态度和胡先生对国内学术界的影响先说一说。

这个观点我倒有几分赞同。

胡先生于一九一七年八月到北大教书。在到北大以前，他曾于一九一七年一月发表他的《文学改良刍议》。这是大家所以为新文学运动的开始的。同年的四月里，他写了一篇《诸子不出于王官论》；五月里又写了一篇《历史的文学观念论》。而《诗三百篇言字解》，则为更早的作品。他在美国哥伦比亚大学博士的口试，在一九一七年五月举行；他的博士论文的题目为《中国古代哲学方法之进化史》。我们可以说，他所以受到北大和学生的欢迎，乃是因为他对于“国文”和“国学”都有比较进步的主张的缘故。我可以把当时的情势略作叙述。

蔡校长聘请胡先生来北大

蔡孑民先生于一九一七年一月一日就任北京大学校长的职务。蔡先生年轻时在前清中过翰林；以后二十多年间，并没有放弃学问和教育的工作。一九一二年，他任教育总长；而严几道先生任北京大学校长。严氏“欲将大学经文两科，合并为一，以为完全治旧学之区，用以保持吾国四五千载圣贤相传之纲纪彝伦道德文章于不坠。且今立斯科，窃欲尽从吾旧而勿杂以新；且必为其真而勿循其伪，则向者书院国子陈规又不可以不变”。（严与熊纯如书）严氏这个意见，可以说是我国近代改进研究“国学”方法的萌芽。“勿杂以新”的话，当是严氏要祛除当时经文两科的坏习气而说的；我们不知道详细，难以评论。至于“合经科文科为一”和“必为其真而勿循其伪”，当可得到蔡先生的同意。(中小学废止读经的法令，乃是蔡先生在教育总长任内所颁布的。)可惜严氏任校长不久即辞职，除经科文科合并外，教学方法上丝毫没有变更。而一九一二年七月，蔡先生亦因故而辞去教育总长。到了一九一七年，蔡先生来任北大校长。他的肯任校长，当然怀有改革国家大学教学方法的志虑。在“国学”方面，蔡先生对旧时陋习不满意的地方当然很多。当他在接任的初期，正在为学校物色人才的时候，而得知道一留学美国的青年，能发表兴衰救弊的《文学改良刍议》，能写出推翻定案的《诸子不出于王官论》，以蔡先生对国学的见识，自可立刻发觉这个青年必为一极有成就的学者。这是北大所以聘请胡先生的重要原因。

提倡与赞成文学革命的人

除却校长以外，北大文科的教员亦多赞同胡先生改良文学的见解。文科学长陈独秀，乃当时《新青年》的主办人，且为提倡文学革命的人。他的赞同胡先生，自不用讲。其他赞同文学改良的议论的，则多为章太炎先生的弟子；最著名的是钱玄同。因为听过太炎先生谈文学理论的人，都懂得太炎先生文以质实为贵的原则。言以达意；文以代言。文字愈近于语言，则质实的成分愈高。这样说来，自只有白话文可成为现代最有价值的文学。这是当时北大许多有学问的教员没有反对白话文学的原因。（大家都知道章先生的高第弟子黄季刚先生反对白话文。我想，这是黄氏因为自己文言文写得太好，所以不忍弃文言而改用白话。有这样的情形，我们只得作为例外！）

至于北大当时的学生中，就我所知道的而言，如傅孟真、顾颉刚诸人，国学根柢都很好，所以对胡先生都极尊敬。

《中国哲学史大纲》的出版

胡先生在这个环境里，实亦能不负众望。他除了上堂讲课以外，又要发表文章。而他的《中国哲学史大纲》（卷上），于一九一九年二月即出版：他这一年多的工作自然艰苦。这本哲学史大纲，并不是随便编辑而成的，乃是作者以一年多的时间，用极精审的眼光、勤读先秦的遗文，加以慎思明辨而得的论述。在这个哲学史大纲以前，我们国内固亦有讲中国哲学的书籍，但在方法的严正上，没有一本可以和胡先生的大纲相比的。这本大纲，不只是对读者讲中国古代的哲学，亦告诉读者研读一切古代书籍的门径。从做学问方法的观点讲，这本书在我们的学术界实可以说是划时代的。（先生有龚句图章：但开风气不为师。）

我们知道，从胡先生这书出世后，后来学者取法于先生的，自应有“青于蓝”的情形；但筚路蓝缕的功绩，则愈久而愈显明。

实在，胡先生整理国故的方法，除却《哲学史大纲》和《红楼梦考证》（一九二一年）等书外，尚有《国学季刊发刊宣言》（一九二三年）、《治学方法与材料》（一九二八年）等篇。

白话文对国民教育的贡献

当然，胡先生对国内知识界影响最大的，乃在他的提倡白话文。他的白话文学的主张，道理自然很对。但白话的用处，在文学上比较窄，在寻常的言语上比较广。所以我以为胡先生的提倡白话，最大的影响，乃在我们的国民教育，乃在我们的民生日用。从我们的中小学教科书改用语体文以来，我们的青年学子在求学的历程上不知省却多少脑力。就这一点讲，胡先生对我们民族的功绩，已大得难以形容了。

愿天下太平而未见天下太平

这种行谊，可以说由于爱人利物的胸怀。在胡先生，似乎发展得很早。当他在哥伦比亚大学毕业、辞别他的老师杜威时，杜威曾说，“他（胡先生）的关心国际政局的问题，过于一切别的事情。”世传宋代范文正公做秀才的时候，便以天下为自己的责任。古今圣哲，有这等胸怀的自必很多。孔子也曾说，“我什么时候听见天下已太平了，我便什么时候死也愿意。”孔子一生自然没有听见天下已太平的消息；从这一点，孔子的生命可以说是一曲悲剧。从这一点讲，胡先生的一生，亦是一悲剧。如果悲剧算是一种美术，这样的一生亦可以算是美的一生！

附记：

记得多年前胡先生曾对我说他不学哲学。所以他后来研究前人思想的文字都作为思想史的材料。我是根本不懂哲学的人，但觉得胡先生所写的《不朽》（一九一九年），对一个要探求做人道理的人，实有极大的价值。在先哲许多讲道德的论著中，这篇文章似是具有最高“不朽”性能的之一。

我所认识的胡适之先生

——在胡适之先生去世周年纪念会上的讲话

胡先生的去世，已有一周年了。我们想起我们没有了这样一个人，我们自然还有余哀。但从另一观点看，从去年今天到现在，我常常想到胡先生的死是一个最高兴的死，最痛快的死。

除了他自己研究学问外，他生平一件最大的心事，就是要看见中国有一座像样的国家的大学。一九一五年二月二十日他在《藏晖室札记》上写着："吾他日能生见中国有一国家大学可比此邦美国之哈佛，英国之康桥、牛津，德之柏林，法之巴黎，吾瞑目矣。"（《胡适留学日记》页五六六）他写这段话的时候满二十三岁不久。但他这个愿望，在以后四十七年里面似乎是常存在心中的。他所以一生竭力于国家学术和文化的事情，就是要实现他的理想。但是他不是一个空想的人。他知道无论是大学，或研究所，只要是和学问有关系的，最要紧的事情是有适当的人来工作。去年今天，他召集了"中央研究院"院士会议，非特在岛内的院士齐集一堂，即在岛外的院士亦有好几位回来参与的。这是最使他高兴的事情。他以为有了人——适当的工作者——我们便可以有前途。有了一个计划，一步一步的循序渐进，总会有成功的一天。他在招待院士茶会中，心中当充满着这种希望，因此，心中当不停地感到兴奋。在积劳以后，这种兴奋乃是致命伤。他的突然去世，在我们当然以为"鞠躬尽瘁，死而后已"，在他自己则可以说是一个最痛快的死，——实在应该说"理想的死"。我现在这样想：一个人不能自由地找一个"理想的生"，但可以找一个"理想的死"。胡先生这种"理想的死"，似乎是值得的。一个人活了一天，便应当拼命地做一天对国家或社会有益的事情，或者可以增加世间真、善、美的事情。最好能将生命力完全用在对人类有用的工作上；用尽为止。到了这个时候死去，才算理想的死。我以为我们与其叹息胡先生的死，不如提倡胡先生的死。

凡是见过胡先生的人，没有不说胡先生待人和蔼的。这差不多已是人人都知的事情了。胡先生待人的和蔼是没有疑问的事实。在胡先生的意思，和蔼待人，乃是一个受过教育的人所应当做的事。和蔼可以增加别人的喜悦，更可以增加自己的愉快。一个人为什么不这样做呢，但胡先生待人和蔼的地方值得我们称赞，待人正直的地方更值得我们称赞。论语记孔子“温而厉”；和蔼并不与严正相冲突。就我个人所知，胡先生的朋友或相识的行动，对于社会有关系的，胡先生决不放弃了规过劝善的机会。大概胡先生以和蔼为道德上的义务，亦以正直为道德上的义务。因为他心中有这种义务的观念，所以便自然地显现出一种“温而厉”的气象。我想，我们需要和蔼，我们更需要正直。和蔼与正直，都是一个人的最美的德行，但正直要比和蔼更难做到。

有许多人以为胡先生似是立志做一个最好的世界公民的，所以爱国心未免比较起来见得薄弱一点。这是一个极不正确的观察。不错，胡先生确是一个最好的世界的公民。但是正因为他是一个最好的世界的公民，所以便成为一个最标准的爱国者。一个人立志做一个最好的世界公民，必须先立志使他的国家成为世界上最文明、最进步的国家。我们看胡先生一生中对于政治和社会最大的愿望，可以说就是要他的国家成为世界上最文明、最进步的国家。他以为做到这个地步非有学识不可，因此，他一生中对于凡可以使国家的学术和文化好一点的事情没有不尽心去做；对于帮助朋友求学的事情他可以做得到的，亦没有不尽心去做。他的爱护好学的朋友，他的热心于教育和文化事业，他的尽瘁于国家最高学术机关，我们都可看作是他的爱国心的表现。

就是他自己本身的修养，亦可以看做一种爱国的美德。我们估量一个国家的价值，我们应该着眼于这个国家里那些有价值的“个人”，——能够对人类文明（物质的和精神的）有贡献的“个人”。这种“个人”，差不多都是能够爱好人类的，能够爱好同胞的，懂得怎样“爱国”的。胡先生便是一个这样的“个人”！我们可以说，他是一个有世界眼光的“爱国者”，他是最关心人类事情的“个人”。从他一生的行为中，我们可以学得最正当的爱国方法和做世界公民的方法。

大家都知道胡先生一生是崇尚自由而提倡民主的。但很少的人知道胡先生的爱好和平与秩序比他的爱好自由与民主更甚。胡先生的崇尚自由，乃因为人类的知识和道德，必须以正当的自由来培养才能自然的滋长。没有自由的社会，知识固难有进步，道德更谈不到。这是他要竭力提倡自由的原因。但是由于他爱好和平与秩序，他非特不赞成用暴力以争取自由，有时且勉强容忍而至于牺牲个人的自由。在这种地方，我们可以想象胡先生心中的痛苦，但我们也可以忖度出，胡先生心中，必以为和平乃是达到自由的大道。一切武力，一切战争，都是万不得已的时候才可一用。

用和蔼以待人，用和平以处理世事，似是胡先生生平“一贯”的态度。但严格讲起来，他的“和平”和他的“和蔼”，并不是同出一源的。他对人和蔼，只是因为我们没有权利以“不和蔼”对人，我们有道德上的义务以“和蔼”待人。他用和平以处理世事的态度，则完全由于他的政治哲学。这和他的信仰民主政治倒是同出一源的。照他的意思，民主政治的可贵，就在以讨论的方式来解决一切问题。因为能够这样，则各方面的意见都可兼顾到，而解决的方法亦会比较公平。他非特要在国家政治上用这个民主的原则；他要把这个民主的原则推广到世界上一切的事情上。这就是他崇尚和平的最大原因。他并不是因为怕事而崇尚和平；他是因为服膺民主的精神而崇尚和平的。胡先生生平对言论自由特别注意，亦就是由于这个缘故。因为言论自由可以达到真正的和平，可以达到真正的民主。我以为“和平、自由（尤其是言论自由）、民主”就是胡先生心中的“三位一体”，亦可以说就是胡先生的信仰。

胡先生的思想，我们现在有年富力强人正在研究；将来当可有使人满意的论述。我不是学哲学的人，所以今天所讲的，恐怕已有许多外行话了，不过我还有几句话想借这个机会一讲的。胡先生的一生，在开创学术和文化的风气上，可以说已有很大的成绩了。但在倡导民主和自由的事情上，则许多人都嫌胡先生的影响还不够大。这似乎又是一个不十分正确的观察。照我的意见，我们继承了那么多年的“老”政治，那么多年的“旧”风俗，我们能够有现在这样一个站在民主行列的国家，我们人民能够有现在所享的自由，我们已可自己安慰自己了。我们所以能够到了这个地步，当然绝不是一个人的力量。我们许多建国的先烈自然用不到提了。我们现在国家里许多通达治体而能克己力行的聪明睿智的人士，每个人对于这种成绩（这里当然纯指好的一方面言！）多多少少都有点贡献。但我们可以说：离开我们一年的胡先生所贡献的那一部分，是很大而很深厚的。我这里要特别提一句的就是：胡先生所以有这样的影响的力量，不全在他的学问好，不全在他的说话说得漂亮，也不全在他的文章写得好，主要的还在他的立身制行使人敬佩。他的品行，他的道德，真可以够得上“神人共钦”的。因此，他出来提倡民主和自由，比任何人都要有力量。这一点关系很大；大得使我们说不会过分话。我以为将来有后起的人要提倡民主和自由，要使我们的民主和自由更进步，且先不要多喊民主和自由的口号；最好先学胡先生的做人。我想，为了民主和自由而学胡先生的做人，无论怎样艰难，乃是最值得的事情。

原载《传记文学》第二卷第三期

我与孟真的交往

我在北大读书期间，同学中我最佩服的，是傅孟真。我从和他谈话里，知道他在没有进北大预科以前，对于“国学”，已有很好的根柢了。我这所谓根柢，并不是世俗常以称早慧的“读毕十三经”或“下笔千言”那些话的意思，而是在我起初和他闲谈时，从他谈话中，知道他对于治“国学”，非特能够利用乾嘉以后的学者所得的成果，且时有很合理的新观念。

北大预科分二部：一部是为将来进理科的人设的；一部是为将来进文科和法科的人设的。（好像当时是以甲乙分别的，我已记不清楚了。）我在中学时，受了章太炎先生“学术万端，不如说经之乐”一句话（章先生在给人的信中说的）的影响，所以想进大学的经学门。民国二年北大预科招生时，大学本部已没有经学一门。但在预科入学时，须填写将来进大学本部时的科别；我就填一个“天算科”。一因、我想，清代许多经学家都是通晓天算的；视天算为治经所必需。我于文字训诂虽略知门径，但天算则非有名师指授不可。二因、我在中学时对于所习功课，似最爱好几何一科。三因、我在到北大入学以前，在杭州旧书铺里买得江宁书局同治年刻版的《几何原本》和《则古昔斋算学》二书。二书版式装订一律，整齐似一部书；当时颇引起我对算学的兴趣。而孟真则于入学时似即定进国文科的。我们在预科功课上虽各属一部，而上课和住宿则同在译学馆，因此，常得于课余晤谈。我们所谈的题目，多半在学问上，亦间及政治。无论在哪一方面，我们的志趣大致相同。

任教国文系由于孟真的推荐

当孟真在预科毕业将要离开宿舍时，他约我作一长谈。他劝我将来进本科时，改入国文系。他譬喻百端，以为我非专治国文必难有成就。我对他的话极为了解；我知道他这是对我郑重的劝告，并不是专为我个人学问的成不成设想，而是希望我对本国语言文学方面作些有用的贡献。我心里虽亦感激他的正大的好意，但我仍不能接受他的劝告。上段所提到的三个原因，在那时固然已不为重要，但我在预科那些时间，使我觉得我已不能成天算专家，又不能成国文专家。我自量只能做一个有健全常识的普通读书人。要做这样的读书人，似应该多知道一些逻辑，使自己在思辨事理时有较好的工具。我想，我若能多学一点数学，则学逻辑时可以有稳固的基础。所以当我升大学本科时，我仍入数学系。

我在北大数学系毕业时，北大的当局颇想对预科的国文教学施行新法。当时因校中国文系几位教授的主张，我便留校任教理预科的国文，这件事引起我一生以教授中国经典为业的端绪。我后来似听说国文系所以找我，和孟真亦有关系。这很可能。因为孟真毕业时，系中本拟请他的，而他已考上山东公费留学英国，所以他有机会推荐我。（我后来亦没有提起这事问孟真。）

一九二八年，我在德国柏林。一天，中国驻德使馆告诉我，广州中山大学有电来请我来中山大学教书。我虽然事先没有接到孟真的信，知道这必出自孟真的意思；因他那时任中山大学文学院院长，而中山大学里只有他会有请我教书的主张。我当时已不能如期回国任教，亦没有写信告诉他不能即回去的原因：这是我懒惰的毛病。后来他离开中大，我便没有机会去应约了。

兼任北大图书馆馆长

一九二九年，北平各国立学校恢复秩序，北大史学系要我回校任教。我是一九二二年由北大史学系资送赴德留学的；后虽因政局混乱，公费久停，但因母校关系，我不得不回国。我一九三〇年春天回到国内，孟真早已在北平了；他所主持的中央研究院历史语言研究所即设在北平北海公园内。我回北大后，在史学系任教；一九三一年春兼任北大图书馆馆长。这个兼任，是由于孟真的推荐。他知道我教书非所长，对于网罗文献，则向所爱好。那时北大正缺一图书馆馆长，他便极力推荐我来兼任。（抗战后北大复校，在胡先生由美回国前，孟真任北大代理校长，嘱我再兼任图书馆长，当亦由于同一心情。）

我生平教书做事，可以说多半由于孟真的提携。我安于优游，常以一个diletante自居；这是孟真所最不满意的。我有时亦自恨不自振作，实对不起对我有期望的人。来台后，孟真曾对我说，不是因时局关系，我决不会请你教书的。我深以他的话为合理。

人间一个最稀有的天才

胡适之先生以孟真为“人间一个最稀有的天才”（《傅孟真先生集序》），这话并不过分。他在做学问的一方面，是大家所知道的，我不必再说了。在他的鉴识人才的方面，我在本社（指《传记文学》）十一月二十日的座谈会中曾说了一个故事：在北大预科读书时，有一次他对我说，“张皋文在清代学者中，文章和学问，都是第一等的，而都不是第一。”我虽然对他所说的“第一”的含义不十分清楚，但颇惊骇他诵读的广博，见解的卓越。弱冠前已这样，所以后来主持学术机关能有极可观的成绩。那天许多孟真的生前的朋友在座谈会中所举出孟真知人善任的实例，都是对孟真先生的生平最有价值的谈话。

讲到这里，我有一个比较重要的感想作我这篇文字的结束。我以为孟真的伟大，似不止于能够知人，能够洞观现代学术的流向。他的最伟大的地方，在他的大公至正的存心。从我知道他以来，他所最关心的事情，自然是我们国家里的学术。他竭尽所能使我们国家的学术得以进展。从他主持中研院的史语所，以至代理北大校长和任台湾大学校长，凡所设施，决没有丝毫为私的意思。我常想，对一个学术机构的首长来说，学识固然重要，公正无私尤为重要。孟真学问上的天才，固然是稀有的；而他的大公至正的心胸，则尤为罕见！

傅孟真先生和文学

故校长傅孟真先生，少时即于国学造诣极深，尤擅长文笔，非特没有中了桐城派和龚魏“伪体”的遗毒，神到的地方，且高出魏晋。但是从胡适之先生提倡白话文以后，孟真先生即毅然以宣扬新文学为自己的责任。他在《文学革新申义》（《新青年》四卷一号）一文中说到：“今后但当从建设方面有所抒写。至于破坏以往，已成定论，不待烦言矣。”这句话到今天，已满三十四年了。三十四年的工夫，就出产一种伟大的文学作品讲，是一个极短的时间。但以孟真先生卓荦的天资，若使不从事学术和教育，而致力于文学，则我国文坛，或许已显呈奇光异彩了！

孟真先生以为新文学应是“容受人化”的文学。这个意思，说起来很容易，做起来却不容易。一个人必须真正了解“人化”的做人道理，才能做出“容受人化”的文学。孟真先生的伟大，就在他在做人上面，“人化”的程度极高。他自己的纯文学的作品虽不多，但从他的批评，我们亦可以看出他是能真正了解“人化”的做人道理的。且举二事为证：

一

韩退之的《元和圣德诗》中有这样的四句：“婉婉弱子，赤立伛偻；牵头曳足，先断腰膂。”《世采堂昌黎先生集》在这四句下有注云：“南轩曰：颂退之《圣德诗》，至婉婉弱子赤立伛偻牵头曳足先断腰膂处，世荣举子由之说曰：‘此李斯颂秦所不忍言，而退之自谓无愧于风雅。何其陋也！’问‘此说如何？’曰：‘退之笔力高；得斩截处即斩截。他岂不知此；所以为此言者必有说。盖欲使藩镇闻之，畏罪惧祸，不敢叛耳。今人读之至此犹且寒心，况当时藩镇乎？此正是合于风雅处。’”我偶翻孟真先生所藏之影印世采堂韩文本，看见他于苏黄门所云此李斯颂秦……三句傍，则加密圈；于盖欲使藩镇……六句傍，则加直杆，且于上边批了“此真胡说”四个字。

二

英国一个大文豪萧伯纳新近死了。孟真先生在《自由中国》杂志第三卷第十期发表一篇短文，题目是《我对萧伯纳的看法》。这三千个字，将永为文学批评史上重要的文献，是要“知人论世”者所不可不读的。他把萧伯纳看作一个“滑稽之雄”，以为萧伯纳并“不够大，因为他自己实在无多创造的思想，而善于剽窃别人的思想。……他在政治上，是看效能比人道更重的”。孟真先生以萧伯纳“看效能比人道更重”的理由而不满萧伯纳，对极了！

原载《台大校刊》第一〇一期

蔡元培 — 胡适 — 傅斯年(节选)

把这三个名字连写起来做这篇短文的题目，是台大一位同学向我建议的。用大题目做小文章，似乎不很合适。但我想如果能够使青年人得到这三位先生行谊的一鳞半爪，亦可以有益于他们进德的工夫，所以便采用这个题目。

这篇短文只是记一些我现在心目中所留存关于三位先生的印象，并不是三位先生的合传。这三位里边的每一位都应该各有一本写得很好的传；必须这样，我们才可以算一个“有文学”的民族。但一直到现在，并没有一位的出现。听说各已有人在做了；我希望我还能够读到一两种写得好的！为国民的教育计，像他们这样“言为士则，行为世范”的人的传，愈出的多愈好，只要是写得不错的。

蔡先生考到翰林的时候，年纪很轻，——才二十六岁。那时的翰林，是学问到家的证明（当然，这只能说是世俗的见解！）亦是做大官的一种最好的资格。但先生进入翰林院后不久，便开始抽读西书的译本。以后他的学习日文和德文，以及游学日本和欧洲都是为了充实自己知识的缘故。三十岁时（光绪戊戌），因为时局的关系，弃去官职以从事家乡的教育。我想，蔡先生一生所以专致力于教育事业，乃是因为他认定要改良社会，非把组成各个社会的民众的知识和德性弄好不可。他在三十六岁时筹组中国教育会，虽说是一个革命性质的团体，亦是因为他以教育为政治改革一种重要工具的缘故。

总之，蔡先生一生志在淑身淑世；“学不厌而教不倦”，便是他一生的事业。

蔡先生的做人，凡认识他的都是衷心敬仰的。我国古人所称的六德（知、仁、圣、义、中、和），都可在蔡先生生平行为里取证；而他的行为，亦可以用这六德来做标记。他曾写有《德育讲义》；台大中文系曾把它重印出来以供学子的诵读。这是一本值得每个人仔细一读的书！虽然写成的时候到现在已有五十年了，但大体说来，还可以为我们做人的规律。并且，在一本好的蔡先生的传没有出来以前，这本《德育讲义》可以看作蔡先生的“自传”，因为蔡先生乃是一个“先行，其言而后从之”的人。

人说蔡先生是主张在学术上兼容并包的人；我以蔡先生为“独扶正学”的人。

胡先生曾在台大讲过几次，傅先生则可以说尽他的最后精力于台大的整顿工作的。当时台大的同学，多有得亲炙于两先生的。十余年来，两先生的嘉言懿行，还不断地为许多同学所传述。所以有若干地方我可以不必提及了。

胡先生的伟大，有人说在他的提倡独立的思想；有人说在他的把西方做学问的方法介绍到中国来；有人说在他的提倡白话文；有人说在他的主张表现时代性的文学；有人说在他的处处尊重他人的自由；有人说在他的拥护民主而能够容忍；有人说在他的懂得真正爱国的道理；有人说在他的公德和私德都修养到至善的境界；当然这些都是成就一个人的伟大的德行，而胡先生实是兼具这些德行的人。

我常觉得胡先生生平最大的愿望是天下太平。他希望天下人能各得其所而致太平；他希望天下各遵循理性而致太平。因为愿望天下太平，他崇尚自由和民主；凡可用讨论方式而解决的事情，他总主张采取讨论方式。他的拥护言论自由，是根据他的实验哲学的，亦是由于他的爱和平的缘故。

傅先生在立身上依照蔡、胡两先生的榜样，而在办事的魄力上则好像胜过他的两位师长。蔡、胡两先生对国家学术和文化的贡献，有许多地方得到傅先生很大的帮助。他的翼赞蔡先生筹划“中央研究院”，他的替胡先生代理北大校长的职务，都值得我们赞美的。胡先生在傅先生遗集序言中的话，可以说是对于傅先生一篇最正确的评语。

傅先生一生虽然没有担任过行政职务，但他的功绩亦是不可磨灭的。他的这种建树，完全由于他的爱国的赤忱。因为他的赤忱为全国上下所共谅，所以他的说话有力量。

傅先生在他的生命的最后两年做台大的校长，乃是台湾大学历史上一件最重要的事情。他继承了我国学术文化上一种最开明、最优美的传统而把它移植在台大，使后来无数青年得有一个进德修业的好地方；这实在是我们今日所当庆幸的事情。

在行为的小节上，蔡、胡、傅三先生可能是不十分相同的人。但在做人的大节上，——如居心的正直，“民胞、物与”的胸怀，“无我、无私”的风度，“仁以为己任”的抱负，这三位先生可以说是一样的。我希望台大永远保持这个优美的传统。

原载台湾大学《大学新闻》第一一一期

关于孟邻先生的杂忆（节选）

孟邻先生于一九六四年六月十九日去世，享年七十八岁；他的服务国家期间，由教育而政治，四十余年，所在有声名。这在世俗讲起来，可以说是福寿全备的人了。他生平以洞明世故，通晓时势，见称于时；所以我今天写这篇文字，对于他显著的行迹，都一概不提，只从我个人的闻见中记些零碎的小事。

孟邻先生的进北大，是在五四运动以后。据当时沈尹默先生告诉我，是由汤尔和推荐于蔡先生的。由于五四运动，北平［京］学生常因国事而罢课示威；而当时北方政府又不善于应付。蔡先生颇以为忧；最后遂决然离平［京］赴杭。北方教育界因蔡先生乃人望所归，遂派代表南下劝先生北返。汤尔和即为代表之一（或即唯一的代表？）。那时汤任北平高等专门医药学校的校长，颇以能干名；且素为蔡先生所赏识。大约蔡先生向汤尔和谈起校务繁琐问题，汤便举荐孟邻于蔡先生，以为孟邻先生若来北大，便可代蔡先生处理那些繁琐的校务的。据我现在所能记得的，孟邻先生和汤尔和当时同在江苏教育会任事（？）。他们的相知，或许由于这个缘故。但据王霖之先生告诉我，蔡先生于清光绪戊戌年弃官返里任绍兴中西学堂监督时，孟邻先生当时是中西学堂的学生。在五四以后，孟邻先生已由美返国在上海主编教育杂志。蔡先生那时必已知道孟邻先生，似不必再由汤推荐。惜当时我没有把沈先生的话向王先生问个清楚。现在则王沈两位都已去世了。

孟邻先生在上海市，曾将美国威尔逊总统参战演说用中文译出。中英文对照译行；印得很好。友人曾送给我一册；我当时因为不关心政治，所以没有阅读。但我有一天在上海《时事新报》（？）上看见孟邻先生一篇论说，好像是谈改革风俗的。这篇文章的开头着重讲他自己的故事，颇引起我的注意。他说：他嫌国人所穿的大褂太长，做事不方便，曾叫裁缝将他的大褂改短，仅仅掩了膝盖。哪知道穿出以后，到处都为人所笑。这个故事，使我记得他的姓名。后来，我常叫裁缝替我做出种种不合时样的大褂，孟邻先生这篇文章可能也有点影响。我和孟邻先生最早的关系，可以说是改良大褂的同志。至于改良大褂的事情，两个人似乎都没有成功。

孟邻先生初到北大所任的事，似为总务长。（我记不清楚是不是“总务长”了！我从一九一三年进北大读书起，至一九四九年一月七日离开北平时，除赴德游学七年多的时间外，和北大没有脱离过关系。但对于北大的行政和人事，我从不经意。我一向对北大的希望，就是北大能够请得好教授，出得好学生而已！）我第一次和他晤见，是在一九二〇年一个下雪的冬天。冬至日（？）那天中午，由孟邻先生出名约请北大文史哲各系的教员对中国古书有兴趣的人在他家里聚餐；这大约是胡适之先生出的主意。餐后，大家讨论整理古书问题。我记得胡先生对于将古书加上句读符号，主张最力；他并谈到辨别古书真伪的问题。四十多年以来，我常以为这些事为我一生责任之一，所以当日的一饭，永在我的记忆中。

十多年来，孟邻先生时以公务的空闲从事著述。最近又拟写《中国近代思想史》。这当是一个好题目：可惜天不假年，没有成编。但孟邻先生最有价值的言论，当为关于人口问题的。他从粮食的观点，以为我们现在不能不从计划生育着想了。社会中许多顽固的人都反对节制生育或计划家庭等事，所以对于孟邻先生的议论大加攻击。孟邻先生不怕他们的势力，挺身而出，向他们反抗。在这一点，他可以算得国家一位好官，实在，人口漫无计划地增加，非特粮食成问题，即在国家的教育和政治上亦都有最大的坏影响。

我最初是孟邻先生改良大褂的同志，最近则是孟邻先生“人口论”的同志。孟邻先生现在虽已去世，如人口的问题我们不好好的处理，则我们讲文化、讲教育、讲政治都将成为废话！

原载《传记文学》第五卷第一期

忆念姚从吾先生

我和姚从吾先生，虽同为一九二〇年的北大毕业生，但我的认识他则在一九二二年的秋天。那年，我们二人同为北大史学系考选赴德留学：因而相识，成为平生常在一起的朋友。岁月匆匆，已将满半世纪了。

我们初到德国数年内，和我们晤谈最多的友人，有傅孟真、陈寅恪、罗志希、孔云卿、冯文潜、俞大维等。虽所学不同，而都在文、史、哲的范围内。当时谈论的乐趣，四十余年来记忆犹新。后来从吾于听课以外，又兼任柏林（后转波恩，又回柏林）大学东方部的讲师，而我则染上逛旧书店的嗜好，所以相见稍疏。不过当年这几位时常在一起谈天的友人，虽志业不同，而在切磋学问上则可以说都是终身的朋友。

我以一九三〇年回到国内，而从吾则在一九二四年才由德返国。从此以后，一直到现在，除却从吾任河南大学校长一段短时期外，我们都是在北大、西南联大和台湾大学的教书同事。在北大和西南联大，我们虽同在史学系，从吾专精于蒙古史，而我只对于学术思想史有兴趣。对于普通政治史，我因性所不近，从没有留意。来到台大，从吾仍在史学系，我则隶中文系。二十年来，我们虽不同系，而在学问上常以从善服义的道理相励，则一如往昔。

关于从吾在学问上的成就，陶希圣、札奇斯钦、方豪、吴相湘诸位先生，已有文章发表了。他们的话，都说得很中肯；我不必再述了。

从吾于做学问外，凡对国家政治有关系的事情，他所能做的，都竭力去做。我生平虽亦以为政治是一个有能力做事的人所应当做的，而自量没有做事的能力，所以见朋友中有肯从事政治的，便格外喜悦；好像是我自己名下的事，已有人代我做，我自己可以高枕而卧了。（当然，我心目中以为朋友的，都是我心目中以为正人君子的。）我对从吾的参与政治，自然是十分鼓励的。我以为“天下之大”，必须有许多好人从政才可以把事做好。多一个好人参政，国家进步的希望便增加一分。世俗每以不干政治为清高：这不只是一个错误的观念，而是一个极有害于社会的观念。我以为凡“明己有耻”的正人君子肯参与政事，对国家总是有益处的：这是我对一班从事政治朋友的信心。由于这种信心，从吾每向我谈起“出处”的问题，我总是无条件的“劝进”。就我所知道的讲，他的宽弘的气度，是的确能够增强知识青年的向心力的。

孔子曾说；“朝闻道，夕死可矣！”我每对学生讲这句话，都用集解的说法：“言将至死不闻世之有道。”（白话译文：孔子说，“只要见到天下太平，随时死去都安心”。有一天从吾知道我用这个讲法，大为赞成。我听见颇为惊喜。因为孔子这句话里的“道”，汉宋大儒都把它当作“事物之理”讲；自来学者很少从集解的说法的。一个对历史有深识的人而能赞成我这个讲法，自然可以使我对自己的教书增加信心。但我亦因他的赞成我这个讲法而对他“民胞物与”的胸襟多得一点认识。从吾的乐天知命，朋友们都知道；但临终而“不闻世之有道”，虽古来最达观的圣贤，恐怕亦不能释然于怀！

十多年来，我和从吾寓所只隔一户。因从吾用功著作，我每想趋谈辄中止。我生性舒缓；一切事都喜欢向后推。多少想要向从吾问或向他说的话，都留着有空时来问来说。而这个屡屡期待的空闲，现在即有亦不能利用了。人的一生，难以补救的过失很多，而这种等待空闲的习惯，亦往往造成不可补救的过失。

志希哀词

志希于一九一七年考进北大文科，而我则由北大预科升入理科肄业。由于对学问兴趣的关系，不久我们便认识了。

北大在一九一〇年，继承了“京师大学堂”的风气，颇以腐败著名。这并不是当时在北大没有勤学精思的人，而是大部分学生沿袭以前社会的坏习惯，所以显得这个学校实在不配为一个“新国家”的最高学府。从一九一七年以后，蔡孑民先生来任校长，学生求学风气渐渐振作起来。多数同学都知道实事求是、向世界学术的道路迈进。而我所认识的人中，傅孟真、罗志希二君尤为同学所称许。（孟真于一九一三年在我们同考进北大预科后即相识。我的认识志希，大概亦是由孟真介绍的。）后来一班同学组织新潮社，发行《新潮》杂志，于一九一九年一月出创刊号。担任编辑工作的，即孟真和志希二人，而文章写得最多的亦是他们二人。

一九二〇年，志希在北大毕业后即赴美留学。四年后，他从美到欧，我们才在德国会晤。他在美求学时，曾将英国史学家Bury的《自由思想史》(History of Freedom of Thought)译成中文，并加以注释。（记是由商务印书馆出版的。）这虽是一本小书（这里的“小”，当然是就篇幅言），但我以为志希这个工作是一种最有用的工作。

我于一九三〇年由德国回北大任教时，志希任清华大学校长。清华的“改大”，是在志希任内完成的。我当时曾听到一位北大同事说，罗校长为清华聘请有学问的教授，是不遗余力的；如聘请蒋廷黻先生，登门请求，几至于“不答应，不走开”的情形。后来志希任“中央大学”校长时，我也常听人说他“求贤若渴”的心怀。因此，我颇心服这位老同学懂得办大学的要务。实在说，我生平最喜欢听到的关于朋友的消息，就是这一类的消息。

来台以后，志希任“国史馆”长，我们常有晤谈的机会。他常想搜罗人才，著述国史；我则以为现在的“国史馆”，只应是一个保存史料、整理史料的机关，而不是一个著作的衙门。他虽然不十分赞成我这个意思，但亦注重于整理史料的工作。可惜当政府励精图治百废俱举的时候，而志希乃患绝症，不能完成生平作史的志虑。

博通中西广罗人才的大学校长(节选)

认识志希最早

今天在座的，恐怕要以我认识罗志希先生为最早。我和志希在北大同学时，到现在已有六十年了。他进北大比我晚（我在一九一三年春天便考进北大预科了）；但我们同于一九二〇年在北大毕业。他是从上海复旦大学出来考进北大文科英文系。我是由北大理预科毕业升入理科数学系的。他进北大不久，我们便认识了。因为那时中国的北方，全在北洋军阀控制之下；对有点知识的青年讲，可以说是一个黑暗的世界。因为这种情形，同学中许多喜欢高谈阔论、崇尚自由思想的人便常常聚集在一起发牢骚。因为那时我和傅孟真（斯年）很熟，志希先认识同在文科的傅孟真，自然不久便会和我认识。

蔡先生在北大

北大从一九一七年起，也就是蔡先生接任北大校长（蔡先生是在一九一六年被任命为北京大学校长的；不过他到北大就任是在一九一七年）之后，的确显现出一种新气象。所谓新气象，最重要的就是聘请一些当时最好的人才。蔡先生的罗致人才，非特能着眼到北京以外（如请吴稚晖先生来北大任训导长），且能着眼到国外（如聘胡适之先生来北大任哲学教授）。蔡先生非特国学的根底好，且对个人治学的途径和国家学术的进步，都有极正确的见解。我记得小学读经，是蔡先生任教育总长时废止的。他自己德行纯粹，但对于教学人才则新旧兼容。他请刘申叔（师培）先生到北大来任课，是值得一提的。刘申叔原来也是革命党分子；但是他的意志不坚强，中途变节。蔡先生知道他的确是我们国家的一个“读书种子”，所以毅然把他请到北大来。至于大家都知道的辜汤生（鸿铭）先生，则在蔡先生未到北大之前已经在北大教书了。蔡先生对辜汤生，跟对刘申叔一样。他知道这两人都有可议的地方，然而却有很好的学问，对他们仍然极为尊重。志希那时当上过辜先生的课；我记得辜先生在他的“英文诗”课堂上叫学生把《千字文》翻成英文诗的事情好像是志希对我讲的。

穆藕初奖学金与汪缉斋

一九二〇年，志希在北大毕业；因为“五四”运动发生于一九一九年，所以在一九二〇年全国好像都有一种新气象。那时上海有一位实业家穆藕初先生，捐了五名留美的奖学金给北大。得这个奖学金的人是段锡朋（书诒）、周炳琳（枚荪）、汪敬熙（缉斋）和志希。还有一人，我忘记了。（大概就是因为这个人后来没有去美，所以康白情得顶替他的名额。）段、周二位，我想大家都熟知的。他们的行谊节概，将永留在认识他们者的心中。在这里我只想说几句关于汪缉斋的话。缉斋是北大一位杰出的人才。他原是法科的学生，但他另有两种天才。一是数学；另一是语言。他是在北方生长的浙江人。他从美国学成回国后在广州中山大学任教，不久即用广东话在讲堂讲书。他在北大学的外国语是德文，但二次世界大战后他在巴黎任我国驻联合国教科文组织(UNESCO)的代表时，在许多会议上，他都讲法文。在数学上，缉斋的天分很高；我知道他好读比较高深的数学书。他在巴黎时和Emile Borel有来往，也就是因为他是一位业余的数学家的缘故。当然，缉斋先后在美国约翰霍布金司大学(John’S Hopkins University)所做的实验心理学的工作，是他一生在学术上的巨大贡献。在一九二〇年，当段、周、罗、汪等五人用穆藕初的奖学金赴美留学时，北大学生中有戏称为“五大臣出洋”的。现在想起来，北大当局当时选送段、周、罗、汪四位用穆藕初先生这个奖学金，非特对得起穆藕初先生，并且对得起国家和学术。

翻译《思想自由史》

志希留美之后，他的情形我不太清楚。我在德国时，有一位从美来德的朋友，谈到志希，多说他因翻译Bery的《思想自由史》忙得整天在图书馆查书。这种消息，自然会使老同学十分高兴。一九二三年后他到德国来，我们才又常在普鲁士国家图书馆里见面。他在柏林大学曾听了一个时期的课。一两年后，他从德回国，我和他便失去联系。

我从一九二二年冬离北大赴德，留在德国七年到一九三〇年春才回到北大。时值阎【锡山】、冯【玉祥】谋叛中央，时局极为紧张。我抵达上海之后，不能乘火车北上；必须乘船到天津，再从天津搭火车到北平。路上行李检查得极严。初到平时，我即住在傅孟真家中；旬日后才移住欧美同学会。那时志希为清华大学校长，住在清华园。我初任教，他因校务忙碌，所以我们并不常见面。

陈寅恪对志希的评价

就在那年快要到暑假时，清华发生风潮。学生罢课，要求政府更换校长。我那时虽住在欧美同学会，常在陈寅恪家中吃饭。寅恪在清华教书，是国学研究院的导师，不过他是住在北平城里姚家胡同的。有一天我和他谈起志希（那时志希已离平赴南京了），他说："志希在清华，把清华正式的成为一座国立大学，功德是很高的。即不论这点，像志希这样的校长，在清华可说是前无古人，后无来者的。"我听了这话，心里颇不服。我虽然是罗志希多年的朋友，但是"前无古人"犹可说也，怎么能肯定的说"后无来者"呢？而寅恪在一班朋友中，说话是最有分寸的。我当然要问到底。寅恪对我解释说："清华属于外交部时，历任校长都是由外交部所指派的。这些人普通办事能力虽然有很好的，但对中国的学问大都是外行，甚至连国文都不太通，更不要说对整个中国学问的认识了。像罗志希这样对中外学术都知道途径的人，在清华的校长之中，实在是没有过！以后恐怕也不会有了。"寅恪以为"以后也不会有"，并不是说后人没有志希那份天资，或缺少像他的学历，而是时代的不可能。学问上的分工，一天比一天细。有些学问上的问题，在十九世纪末年只是一个新的假设，到现在则关于这个问题的著作已有汗牛充栋的气势了。事实上，在十九世纪末年到二十世纪初年，在西方先进的国家里，如英、德、法等国，每一个国家都有一两个可以说"博、精、通"的人，但在第一次世界大战以后，这样的人便一天少一天了。这就是时代的关系。在今天，无论哪个大学或专科学校的校长，实在找不到博通中西学术的人。不要说兼通中西，就是中西两方能精通一方的也没有了。所以我到现在还常常记起陈寅恪先生称赞志希的话。我今天所以特别提出来，因为我跟寅恪相处二十多年，知道他向来是不轻易称赞别人的。我平常跟他谈话时如有什么错误，他就当面指正。因为我对他的话印象很深，所以到今天还记得。

为学校罗致人才的校长

志希做过清华大学和中央大学的校长。数年前，我偶然在一杂志上看到一篇文章，谈到志希做中大校长的事情，作者我并不认识，也不知道他跟志希有什么关系。这篇文章上说，罗先生做中央大学校长的时候，极力罗致最好的教师。我当时看了很是感动。为什么感动呢？志希做中大校长的时候，称赞他的人固然有，诽谤他的人也有。诽谤他的人，我不能说他诽谤得不对；称赞他的人，我也不能说他称赞得对。如今有一人在志希离开校长地位好多年以后，还说他能够替中大罗致优良的教师，这亦可说是身后是非了。这种评论，是比较可靠的。我一向认为一个做大学校长的人，为学校多盖几所房子或增开几个科系，都没有多大关系，但是他若是能设法去罗致第一流的人才来任教，这才是最正当的事。能够做这件事的，才算是好校长。能够这样，则一切毁誉就可以不计了。

强聘蒋廷黻的故事

我自己亲听见的一件事情可以在这里一谈。当我刚从德国回到北大的时候，曾听见北大当时的教务长（何基鸿）谈到志希在清华大学时到南开大学强聘蒋廷黻先生的事情。在讲到这事以前，我不能不对南开讲几句话。我们知道南开大学所以办得好，是因为他的校长张伯苓先生注意罗致人才，张伯苓几乎每隔一两年总到美国去，访查学生中成绩较好的人才，想法子把他们请到南开。例如姜立夫先生，便是其中一个。姜先生的本名为“姜蒋佐”，知道的人很少，他是我们中国最近四五十年中最著名的数学教师。半世纪来我们中国出了几位很有成绩的数学家，我们不能不想到姜先生教育的功劳。而我们又不能不想到张伯苓先生当年罗致良好教师的功劳。据何基鸿先生说，志希亲自从北平到南开去请蒋廷黻先生。蒋先生本不愿离南开的。但蒋先生若不答应去清华，志希便坐着不走，熬了一夜。蒋先生终于答应了。当年我跟志希同学时，实在看不出来他能够有这个劲道。我记起何基鸿先生的话，知道志希为中央大学罗致人才，一定亦很出力的。这一点我觉得很值得纪念。

不生气的修养

刚才有几位先生谈到志希能够不生气。关于这一点，我也可讲到一件事。记得大约二十年前，有一回“中国语文学会”开会，胡适之先生出席演讲，志希亦在场。胡先生演讲过后，有人提出简体字的问题。当时在场有几位教授，因为志希一向对简体字的研究是有兴趣的，便对志希破口大骂。有些话颇为无礼。我对简体字的问题，也以为我们应该研究。譬如，一九三九年教育部公布的简体字，我们是应利用的。所以当时听了这些骂志希的人，心里十分有气，颇想起来说话。但志希却没有说什么，我也就没有说。后来有人告诉我，这班骂志希的人，都是对志希有宿怨的。我想，如果这样，那是假公事报私仇。这种品格的人，是不应向之计较的！我不知道志希平常的“不生气”，是不是由于这个缘故。

最后谈谈我个人对志希的感想。像刚才希圣先生讲的志希写了一些关于国家大事的文章。这些，我一向不知道。不过我觉得志希做学生时写了好多篇很好的杂志文字。他留学美国时翻译英国柏里的《思想自由史》，对青年学生极为有用。这书现在恐怕已经买不到了。抗战期间，志希又写了几本小书，最著名的为《新人生观》。他这种书是对青年人很有益的读物。我以为社会中青年人需要这种读物很殷。志希这本书的的销行很广。可能他这本书对社会的贡献比他别的工作要大。

记陈寅恪先生(节选)

寅恪先生的去世，是去年十一月初的事情。从俞大维先生在“中央研究院”历史语言研究所讲述过寅恪先生的生平以后，我就想把我对于寅恪的记忆值得留存的写下来。但一直没能够够提起精神执笔。现在刘绍唐先生汇印纪念寅恪先生的文字，大维先生嘱我也附一文，因草了这篇。

我于一九二三年二月到德国柏林。那年的夏天，傅孟真先生也从英国来柏林。我见到他时，他便告诉我：在柏林有两位中国留学生是我国最有希望的读书种子，一是陈寅恪；一是俞大维。后来我的认识这两位，大概也是由孟真介绍的。

就我现在所记到的而言，当时在柏林朋友聚会谈论的快乐，可以说是我这一生中一件最值得回忆的事情。我虽然有习惯的懒性，不能自勤奋，但颇有从善服义的诚心，所以平日得益于这班直、谅、多闻的朋友不少。（赵元任夫妇游柏林时，寅恪也还在柏林。寅恪、元任、大维、孟真，都是我生平在学问上最心服的朋友；在国外能晤言一室，自是至乐！）

我小时于学术门径的知识，多半是得自先君书架上一部《经解入门》中的。寅恪先生似不以为错。而我许多关于西方语学(Philology)的见解，则有从寅恪得来的。我这里举一小例：在柏林时，有一天，我到他的住处看他，他正伏案读Kaluza的古英语文法。我以当时在德国已有较好的书，因问他为什么费工夫读这样一部老书。他说，正因为它老的缘故。我过后一想，这并不是戏言。无论哪一种学问，都有几部好的老书。在许多地方后来的人自然有说得更好的，但有许多地方，老书因为出自大家手笔，虽然过了好多年，想法和说法，都有可以发人深思处。我记得在一九二四、一九二五年的时候，von Laue曾告诉我，

Helmholtz的理论物理学，是一部很好的入门书。这和寅恪的话大概有一样的意思。

寅恪先生于一九二六年由德返国，就清华国学研究院的导师。我从德回国，于一九三〇年三月到北平时，他住在北平西四姚家胡同。那年夏秋间有几个月，我从东城搬至西城一老同学家住，所以常在寅恪家吃饭；饭后有时同到中央公园吃茶散步。他那时除在清华上课外，每周必和钢和泰作一、两次学术的讨论；工作相当的繁重。这个公园吃茶散步的调节，大概是他夫人的安排。后来我搬回东城南河沿欧美同学会，便不常相见了。

一九三七年中日战事起，寅恪先生处理散原先生丧事完毕后，即约我同离北平。他那时第三个小孩已出世了，所以带了一女工同行。我们在天津住了几天，即由海道赴青岛；由青岛坐火车至济南，再由济南转郑州、汉口、长沙。到长沙那一天，我亦偕他们住他们的亲戚家中。这一路的行程，因为小孩的关系，都由陈夫人安排的。

寅恪在长沙不久，即到香港大学教书；我于一九三八年春天由长沙赴昆明，过香港时曾得和他一晤。战事已停，寅恪由成都赴港转英就医，过昆明时，我又得和他一晤。这次晤谈，他向我和姚从吾先生谈到北大复校后的事情颇多。但从这次晤谈后，我便没有再见他了。

受人尊敬的学生领袖与政治家（节选）

我在五四运动中所扮演的角色

今天我所能够讲而值得诸位一听的，恐怕很少。我今天所以来，与其说我有什么讲的，不如说是希望多听一些诸位所讲的。书贻[段锡朋]和我相识数十年，我现在可以说的一句话，就是，我们都各能互相信任，存心为国家做一些有益于社会的事情，不过方面不同罢了。在五四运动刚起来的时候，我才认识书贻。（这是在书贻被捕放出后同学开会讨论善后时。）我自己并不是在五四运动中一个活跃的分子；但我很佩服肯挺身出来的同学。所以在五四运动的时候，要找学生去排队啦什么的，我总是去的。我从来不积极去做任何事情。但到了没有人出来担任一件应做的事，我也就出来了。记得当时的学生会出版一个刊物，有几天因为没有人编辑稿件，我曾做了几天不挂名的编辑。有一天早上，学生请愿团在新华门前请愿，席地久等，天气炎热，多苦口渴头晕，而缺乏一个闲人送饮水和药物等，我便出来补这一个缺。到了下午，请愿团被警察从新华门前驱至天安门里分别处罚或拘留，我也就混在学生队中躬与其盛了。就因为有这些偶然的经验，我觉得书贻真是干力惊人，刻苦耐劳，的确可以说是五四运动中最重要的学生领袖。他是当日示威运动的学生会的主席，又是少数被捕学生之一。

火烧赵家楼目击记

在这里，我要先把五四那天下午赵家楼的情形讲一讲。当学生游行到赵家楼曹汝霖的家门口时，我以为这个游行可算成功了。因为当初从天安门前出发的时候，我好像听说经过东交民巷到了赵家楼时把学生手中所拿的那些反对“曹陆章卖国”等等（当时口号的正确字样，已记不十分清楚了!）的纸牌子丢在曹家大门前便算达到我们游行的目的。现在虽然没有完全通过东交民巷，但已到了曹家大门前，当然可算是成功了。当时曹家似已知道学生游行的事情，大门紧闭，有警察防守。学生喧叫了些时，有几位我熟识的北大同学，平素慷慨好义，这时怒气填膺，要想爬门旁窗口进去。大概门内警察，觉得学生如爬窗而进，可能会有不好的结果，所以便把大门开了。（也许商得屋主的同意！）游行的学生进了大门，当然志气激昂的要捣毁了房中陈设的东西。我说的大门和房，都是指曹宅的西边的房屋而言。我只在这个西边的房子里边看了一下，不久便听见东边院子里有打人的混乱；我看见一位和我交情最好的同学从东边走过来，手中携了平日所常带的手杖，向我说他曾打了卖国贼一下。我对他说，这是不对的！不过说得不很大声。没有多少时候，又望见东院火起。而那时多数学生已各自离开曹宅；我也找我平常认识的同学回归学校。但我记得我离开赵家楼时，并没有找到一个认识的同学同行。因我不十分赞成打人和放火的事情，所以从听到曹宅东院有打人的事情时，便一直没有往东皖一看。

学生痛恨北洋军阀把持政坛

我当时虽不十分赞成这些事情，但我现在想起来，这是群众运动所难免的现象。当时学生心中的愤激，虽然说是从外交问题而起。根本上可以说是从内政问题而起的。从一九一三年以后，北洋军阀在北京盗窃国家的政坛，绝大多数中国知识界的人士便失去辛亥革命所给与他们的希望。袁世凯虽然于一九一六年过世。但掌握北京政权的多是没有现代政治知识的军阀、或这些军阀所拥戴的人。老实说，当时北方最有权力的段祺瑞，本质上并不是一个坏人；在北方那些军阀中，他可以说是庸中佼佼的。但他没有现代的知识和民主政治所需要的道德，他当然不知道怎样处理国家的事情。因为这个缘故，当时中国就成了南北对立的局面。而国内大多数的知识分子，则莫不向慕民主、希望国家政治能够早日上正轨，而痛恨北方军阀的把持政权。在世界大战结束后，全世界的知识人士都急于要使世界上政教落后的国家从速急起直追，以求有一个更好的世界。在五四那一天，在一个依附军阀的政客家中，触景生情，自难免怒发冲冠，壮怀激烈。我看见北大文科一个最好的学生，手拿竿子将曹宅西院一块“总统”所颁的祝寿匾撞破。这位同学，平常是功课最好而且是最有理智的。我当时虽然自己懒于动手，但心里亦以这位同学为见义勇为。

以上关于五四那天我在赵家所见所阅的叙述，只是快满六十年的一件事情的回忆。对于这件事当天事后已没有即刻笔记下来，而且我在赵家楼始终只在曹宅的西偏，并没有到过东院，所以即使记忆不错，亦不能算是当日赵家楼全场情形的描写。我因为书贻是五四运动中最重要的学生代表，所以不惮烦的把那天下午的事情详细的记在这里。以下我们仍谈到书贻。

书贻的勇于负责与苦干精神

书贻在五四那天所以被警察拘捕，并不是他当时不能避开，乃是他做事负责任的缘故。我觉得论述书贻一生的行谊，这一点非常重要。就这一件事，我们可以知道书贻一生的肩任艰巨，不随便因自身的患难而卸脱责任，乃是由于他的赋禀！书贻被拘的第二天，就由警察厅释放回来。但被拘的学生虽然释放，学生运动的问题仍没有解决，政府对巴黎和会也没有什么表示，所以全北京的学生仍继续罢课以争取向政府所作的要求。一直到六月三日，上海全市宣布罢市，政府下令罢免曹汝霖、陆宗舆、章宗祥三人的职务。在五四到六三这一个月里边，书贻的苦干精神，实使每个同学都衷心佩服。

刻苦自励的政治家受人尊重

抗战期间，书贻随政府在重庆，我则因教书在昆明。不过常听朋友谈到书贻在重庆生活刻苦的情形，正像刚才谷先生和郑先生所说的。这种消息是我所最喜欢听的。我并不是说一个政治家生活必须刻苦。“士志于道。”生活的刻苦不刻苦，本来是无所谓的。不过在国家艰难困苦的时候，尤其是在抗御强敌的时候，一个政治家能以刻苦的生活自励，自然会受到社会人士的尊敬，并且是对社会对国家都有很好的影响的。

段书贻与周枚荪

我同时同学中，干政治而现已过世的，有两人最是我所敬重：一是书贻；一是周枚荪（炳林）。他们性情不同。枚荪偏重理论方面，书贻则较重实干。在我的心目中，这两人都是人才；他们都有“临大节而不可夺”的气概。不过枚荪有一点似不及书贻，就是，枚荪容人之量太小。书贻对事重在实际成效，对人则能够包容；枚荪则三言两语不合，就要表示他的风格。我认为干政治在小节处，最好能够多包容。当然，就大节讲，他们两人在政治上所表现的品格，都是值得我们怀念的！

回忆赵元任先生一二事

好几年来，我因一个文法上的问题时常想写信请教元任，而素性懒惰，一直没有动笔。忽然听到他去世的消息，自然感到遗憾。元任一生中对中国语文上的贡献，彰彰在人耳目。但有两件事，虽亦是大家所知道的，我不能不把我对这两件事的感想写出来。

一九二〇年，英国哲学家罗素到中国讲演，我们能够请罗素来讲演，乃是当时一班有求知欲望的国人所最欣幸的事情。但罗素是不能讲中国话的。我现在想起来，当时我们有元任这样的人来做翻译，更是我们所最欣幸的事情。非特就讲演者和翻译者的学识来说是这样，即就两人的品性来说亦是这样。我想，元任任罗素的翻译，听众固能受到最大的益处，即罗素自己亦会觉得他的话决不会因翻译而走样的！

另外一件，是关于中国文法的事。就语言学的历史讲，第一本有学理价值的中国文法书，是德国甲柏连孜（Georgvon der Gabelentz）所著，于清光绪七年（一八八一年）出版。但甲柏连孜所讲的，是中国文言文的文法，与后来马建忠的《马氏文通》所讲的一样。从胡适之先生于一九一九年写出他的《国语文法概论》以后，我常希望我们治语言学的学者能够给我们一本以现代学理为根据的国语文法。当元任的《中国话的文法》(A Grammar of Spoken Chianese)于一九六八年在加州大学出版部出版时，我心里觉得很高兴，因为这本以现代语言学为经纬的国语文法，是出自一位中国学者的手笔的。在学问上，当然不应有排外的意思。但我总觉得一种语言的文法，出自生长于这种语言环境中的人，多少有它的特别优点在。